现代企业生产运营管理

王映川　著

·北京·

内 容 提 要

生产运营管理在企业全部管理活动中处于基础和核心地位，生产运营管理职能也是企业管理的一个重要职能。本书从企业生产运营的基础理论说起，通过对企业生产运营系统设计过程的分析和对现代企业生产运营管理面临的形势及发展趋势进行探究，阐述了与现代企业生产运营战略、企业生产运营管理运行的相关内容，在此基础上，对企业生产运营管理系统的优化与改进提出了建议与对策。

本书适合作为工商管理类专业本科学生的学习教学用书，也可作为其他管理类专业和企业培训的教材和参考书。

图书在版编目（CIP）数据

现代企业生产运营管理 / 王映川著. -- 北京 : 中国水利水电出版社, 2019.6 （2025.4重印）
ISBN 978-7-5170-7691-9

Ⅰ. ①现… Ⅱ. ①王… Ⅲ. ①企业管理－生产管理－运营管理－高等学校－教材 Ⅳ. ①F273

中国版本图书馆CIP数据核字(2019)第092909号

责任编辑：陈　洁　　　　封面设计：王　斌

书　　名	现代企业生产运营管理 XIANDAI QIYE SHENGCHAN YUNYING GUANLI
作　　者	王映川　著
出版发行	中国水利水电出版社 （北京市海淀区玉渊潭南路1号D座 100038） 网址：www.waterpub.com.cn E-mail：mchannel@263.net（万水） sales@waterpub.com.cn 电话：（010）68367658（营销中心）、82562819（万水）
经　　售	全国各地新华书店和相关出版物销售网点
排　　版	北京万水电子信息有限公司
印　　刷	三河市元兴印务有限公司
规　　格	170mm×230mm　16开本　12.25印张　222千字
版　　次	2019年6月第1版　2025年4月第4次印刷
印　　数	0001-3000册
定　　价	55.00元

前　言

生产运营系统是一个企业的增加值形成系统，通常占用企业的大部分人力、财力、物力资源。生产运营活动是将人力、物料、设备、技术、信息、能源等生产要素（投入）转换为有形产品和无形服务（产出）的过程。生产/运营好坏，即运营管理水平的高低，往往决定着企业的竞争力。本书以此为出发点，对与现代企业生产运营的相关问题进行了梳理，力图使读者对此有一个更具体的认识。

本书共分六章。第一章从企业生产运营管理的历史演变说起，对生产运营管理的地位、意义和发展趋势等进行了介绍。第二章从企业生产运营战略的概念出发，对生产运营战略的形成、类型等进行论述。第三章是对现代企业生产运营系统设计的论述，内容包括产品和服务设计、流程分析与生产能力设计、工作设计与工艺过程设计。第四章则是从现代企业生产运营过程、现代企业生产运营准备与管理、企业生产运营计划、生产运营系统空间配置、互联网+供应链管理五个方面对现代企业生产运营系统的运行作了具体的分析。第五章是在第三、四章的基础上对生产运营控制和现场管理的论述，主要内容包括生产运营控制、库存管理控制、质量管理控制和现场管理等。第六章首先对企业生产运营管理系统的改进方式作了论述，然后对当下的先进生产方式进行了详细阐述。

本书在撰写过程中获得了许多专业人士的指导，也参考了一些相关文献，在此表示真诚的感谢。尽管在成书过程中，作者进行了多次校正，但难免还有疏漏之处，欢迎广大读者批评指正。

作者

2019年2月

目　录

第一章　企业生产运营管理概述

从人类有计划、有组织地进行狩猎、采集食物，到后来进行耕种、贸易和建筑等活动，生产运营管理实践可谓早已有之，生产运营管理思想的萌芽也可谓历史久远。本章从企业生产运营管理的历史演变说起，对生产运营管理的地位、意义和发展趋势等进行了介绍。

第一节　生产运营管理的历史演变

现代生产运营管理理论的形成与发展大致经历了如下几个阶段。

一、早期概念时期（1776—1880年）

中世纪的威尼斯兵工厂就采用了流水作业。1534年法国国王亨利三世访问这个工厂时，它的生产效率已经能达到一小时之内下水一艘大船的水平。这个兵工厂还建立了早期的成本会计制度，并且进行了管理上的分工：兵工厂的管事指挥领班和技术顾问，全权管理生产，而市议会通过一个委员会来干预工厂的计划、采购、财务事宜。

18世纪下半期从英国开始了产业革命，产生了工厂制度，发展了专业化协作，生产的基本组织发生了变革。1776年，亚当·斯密（Adam Smith）在他的《国民财富的性质和原因的研究》（*An Inquiry into the Nature and Causes of the Wealth of Nations*）一书中指出了分工与专业化的三个优越性：一是当人们重复完成单项作业时，劳动技能或熟练程度会得到提高；二是节约了通常由于工作变换而损失的时间；三是当人们将注意力集中在一种特定的对象上从事专业化生产时，有利于制造新工具和改进机器设备。在工厂制度下，由于很多人在一起从事共同劳动，必然出现劳动分工，而随着劳动分工的发展，协作越来越重要。亚当·斯密的这一理论成为生产运营管理理论发展中的一个里程碑。

在亚当·斯密之后，英国的查尔斯·巴贝奇（Charles Babbage）进一步发展了斯密关于劳动分工的理论。他在1832年出版的《论机器和制造业的经济》一书中指出劳动分工能带来更高生产率的原因如下。

（1）节省了学习所需要的时间。因为生产中包含的不同工序越多，则需要的学习时间越长。如果一个工人不必做所有的工序，而只是做其中的少数工序甚至一道工序，只需要少量的时间即可掌握。

（2）节省了学习中所耗费的材料。由于劳动分工使需要学习的内容和学习时间减少了，因此学习所需要耗费的材料也就相应减少了。

（3）节省了从一道工序转变到另一道工序所耗费的时间。

（4）节省了改变工具所耗费的时间。

（5）由于经常重复同一种工序的操作，技术必然熟练，从而大大提高了工作的速度和效率。

（6）劳动分工后，由于注意力集中在比较单纯的作业上，也容易发现问题，有利于改进工具和机器，同时也容易设计出更加合用的工具和机器。

巴贝奇还指出，不仅一般劳动可以进行分工，脑力劳动和体力劳动也可以进行劳动分工。

巴贝奇对机器、工具和能源的有效利用也很感兴趣。他曾发明了一种“计数机器”，用来计算工人的工作量和原材料的利用程度，给企业管理提供了方便。

埃里·惠特尼（Eli Whitney）被认为是较早通过采用标准化和质量控制来推广零部件互换性的人。1798年，他在履行为美国政府生产10000支步枪的合同时，通过提供可以互换的机械零部件获得了额外的利润。当时美国总统杰斐逊将其誉为“生产方式的革命”，大加赞扬。

二、科学管理运动时期（1880—1910年）

人们一般认为，科学管理运动的创始人是弗雷德里克·泰罗（Frederick W. Taylor），但点燃“管理运动”星火的其实是1886年美国汤恩（Henry Towne）的一篇名为《作为经济学家的工程师》的著作。他指出，工厂管理问题同工程技术一样重要，但没有受到应有的重视。补救之方不应从行政事务和会计人员入手，而应从具备生产技术和行政事务两方面训练和经验的人员中去找。受到它的启发，泰罗和他同时代的一些人一起创立了“科学管理”的理论。

泰罗因眼疾从哈佛大学法学院辍学后，于1875年进入费城一家小机械厂当学徒工，三年后转入费城米德维尔钢铁公司当技工，六年后28岁的他升任总工程师。他在工厂中研究企业管理20多年，进行了一系列的试验。

1911年，泰罗出版了《科学管理原理》一书，彻底动摇了当时流行的企业管理组织和方法（泰罗称之为“放任管理”）。他把“科学管理”称为一场“全面的智力革命”。他认为在一切管理问题上都能够而且应该用科学方法，主张一切工作方法都应通过考察由管理人员决定。他把管理的职能概括为以下四点。

（1）搜集、分析、整理企业的所有经验数据，以发展科学的方法。

（2）对工人进行严格挑选和培训，以发挥其最大能力。

（3）在工人和管理人员之间培养合作精神，以保证工人按科学方法完成任务。

（4）在工人和管理人员之间进行明确、适当的分工，以保证管理任务的完成。

泰罗在管理领域里的很多工作是开拓性的，因此他被称为“科学管理之父”。泰罗及其合作者和追随者亨利·甘特（Henry L. Gantt）以及弗兰克·吉尔布雷斯（Frank Gilbreth）和莉莲·吉尔布雷斯（Lillian Gilbreth）在员工选择、生产计划、动作研究以及现在流行的人类工效学领域做出了巨大贡献，至今仍不失为生产运营管理科学的基础。

三、大量生产时期（1910—1980年）

1913年，亨利·福特（Henry Ford）和查尔斯·索伦森（Charles Sorensen）将零部件标准化和肉品包装与邮件分拣行业的标准装配线相结合，提出了工人站立不动而物料移动的装配线这一革命性概念。福特发明的流水生产线拉开了现代大工业生产的序幕。在福特的汽车厂采用流水生产以前（1913年8月以前），每一辆汽车底盘由一名工人装配，大约需要12.5h。8个月以后，在最后改进的装配线上，每个工人只需做很小一部分工作，每辆底盘的平均作业时间只需93min。这项管理技术上的重大突破是在科学管理和劳动分工原理的指导下取得的，这些原理至今仍十分有效。

生产管理在20世纪30年代出现了两项令人瞩目的发展：一项是1931年美国沃尔特·休哈特（Walter Shewhart）出版的《工业产品质量的经济控制》一书，运用概率论和数理统计学原理创立了控制图，用于生产过程中的产品质量控制，后来被一些大公司广泛采用，并把质量控制列为生产管理的一项重要内容；二是1934年英国蒂皮特（L. H. C. Tippett）进行的工作抽样理论的研究，首先把统计抽样方法运用于工时调查。第二次世界大战后，基于特定的历史背景和经济发展形势的客观要求，朱兰（J. M. Juran）、戴明（W. E. Deming）和费根鲍姆（Feigenbaum）等提出了全面质量管理的概念。

从20世纪40年代开始，生产管理的一个重大发展是数学方法（特别是运筹学）在合理配料、搭配产品品种、任务分配、决定产品加工顺序、平衡流水线上的工序、控制库存、配送物资、组织企业内部的物资流程、研究设备更新等方面广泛应用，从而有了一种基本的数学工具，使生产系统有限资源的安排和分配方面的大量复杂问题有可能得到正确的处理和解决。

网络计划技术是20世纪50年代在计划管理方法上的一个重大突破。1958年，美国海军武器规划局在研制北极星导弹系统时，研究提出了计划评审技术（Program Evaluation and Revise Technique，PERT），应用效果良好。在此之前美国杜邦化学公司也研究并应用了一种新的计划管理方法（Critical Path Method，CPM），在应用的第一年就节约了 100万美元，相当于该公司用于研究发展CPM所花费用的5倍以上。PERT和CPM是独立发展起来的计划方法，但是两者的基本原理惊人地相似。在后来的发展中，两种方法不断融合，人们将其统称为网络计划技术，过去也有叫统筹法的。网络计划技术的基本原理是以网络图的形式反映组成工程项目的各项活动（工序）的先后顺序及相互关系，并通过相应的计算，找出影响全局的关键活动和关键路线，以便对工程项目进行统筹安排，使在工期、成本、资源利用等方面都达到预期的目标。网络计划技术特别适用于一次性的大规模工程项目，如大型科研和新产品试制项目、设备大修、大型建筑工程项目等。

从20世纪60年代起，系统原理在生产管理中被广泛运用。它从系统的观点出发，去观察、思考、分析和解决问题。把企业生产过程中投入的各种要素及其活动作为一个系统，进行合理的组织和控制，从而进一步加强了生产的综合和协调，保证了复杂的生产任务如期完成，并取得总体效果的最优。

生产管理自20世纪70年代起的主要进展是计算机技术的应用。在制造业中，一项重大突破是物料需求计划（MRP）被用于生产计划与控制。这项技术可以把一个结构复杂的产品的全部零部件统一管理起来，也能使计划人员迅速地调整生产作业计划和库存采购计划以适应最终产品需求的变化。在MRP的基础上，后又进一步发展成MRPⅡ、ERP。

四、精益生产时期（1980—1995年）

（一）从大量生产到精益生产

由美国首创的大量生产方式曾使美国在一个时期内控制了世界经济。20世纪70年代后，新科技革命、经济全球化浪潮和知识经济的兴起使企业竞争进入了一个新时期。知识经济的兴起使技术创新速度不断加快，产品生命周期不断缩短，反过来又创造了新的需求，进一步刺激了消费者需求的多样化与快速变化。然而，大量生产模式中存在的企业以操作效率为中心，忽视许多用户的真实需求，以及研发活动与生产、销售等活动严重脱节等弊端，使其缺乏对消费者需求变化做出快速响应的机制和能力，大规模生产模式开始衰落。

20世纪90年代，美国麻省理工学院数位国际汽车计划组织（IMVP）的专家对日本“丰田JIT生产方式”进行研究后，提出了“精益生产”（Lean Production，LP）概念。其中：“精”，即少而精，不投入多余的生产要素，只在适当的时间生产必要数量的市场急需产品（或下道工序急需的产品）；益，即所有经营活动都要有益有效，具有经济性。

精益生产方式与传统生产模式的区别主要表现为：改变了品质控制手段，消灭（减少）各种缓冲区，增加职工的参与感和责任感；加强职工的培训与交流，仅在需要的地方采用自动化以及精益的组织结构。

精益生产的目标有两个：第一是降低成本，凡是不产生价值的工作和动作都是浪费，这样，搬运、存储、检查等都是浪费，因为这些工作并没有增加产品的附加价值，对于追求卓越的企业来说，诸如员工的转身、步行几步、弯腰等都是浪费，都是要排除的对象；第二个目标是快速应对市场的需求，比如当市场需要更短的交货期时，企业能更快地完成产品的设计和生产。

（二）准时制生产

准时制生产（Just In Time，JIT）是精益生产的核心。早在20世纪80年代，西方一些国家就很重视对准时制生产的研究，并将之应用于生产管理。据估计，美国在1987年已有25%的公司应用JIT方式，到1992年，应用JIT的公司已达到美国全部公司的55%。其实，JIT首先出现于日本，是日本在20世纪五六十年代研制和开始实施的生产管理方式。日本企业在管理上的成功，引起了欧美企业界的浓厚兴趣。

JIT强调以最终用户的需求为生产起点，强调物流平衡，要求上一道工序加工完的零件立即可以进入下一道工序，最终实现零库存。JIT是依靠看板的形式传递工序需求信息的，生产中的节拍可由人工干预、控制，以保证生产中的物流平衡（对于每一道工序来说，即为保证对后一道工序供应的准时化）。

（三）全面质量管理

关注质量是精益生产的一个本质特征。全面质量管理（Total Quality Management，TQM）的概念产生于20世纪50年代末、60年代初的美国，但当时在美国只有很少的支持者，而日本企业却热情拥抱了它。当日本的制造商开始凭借质量将美国的竞争对手打败时，西方的管理者才开始认真看待全面质量管理。TQM的根本目的是通过使顾客满意来实现组织的长期成功，增进组织全体成员及全社会的利益。所以，强烈地关注顾客和持续不断地改进，是全面质量管理的最主要的特征。

（四）授权

精益生产离不开授权。20世纪80年代以来，随着全球化和知识经济的发展，企业间的竞争日益激烈，工作的复杂性也越来越高，今天的工人通常比他们的管理者更清楚如何把工作做得更好。管理者们认识到，他们可以通过重新设计工作和让工人来决定那些与工作有关的事情，使质量、生产率和员工的责任感得到改进。这种过程即为向员工授权（Delegation）。近年来，向员工授权在许多公司中取得了成功。例如，日本丰田汽车公司、美国电话电报公司（AT&T）、科尔盖特·帕尔莫利夫公司（Colgate-Palmolive）、德尔塔航空公司（Delta Airlines）、联邦捷运公司（Federal Express）和沃尔玛公司（Walmart）等。

（五）计算机辅助设计

工程技术人员以计算机为辅助工具来完成产品设计以及从生产准备到产品制造完毕的过程中的各项活动，实际上早在20世纪五六十年代就开始出现萌芽。20世纪80年代，随着计算机的迅速发展，产品设计和生产的方法都在发生着深刻的变化。计算机技术与数值计算技术、机械设计、制造技术相互结合与渗透，使得计算机辅助设计（Computer Aided Design，CAD）、计算机辅助工程（Computer Aided Engineering，CAE）与计算机辅助制造（Computer Aided Manufacturing，CAM）等技术有了突破性进步。

其所具有的高智力、知识密集、综合性强、高效益、数字化等特点，不仅改变了人们设计、制造各种产品的常规方式，有利于发挥设计人员的创造性，而且大大提高了企业的管理水平和市场竞争能力。

（六）电子数据交换

始于20世纪60年代末的电子数据交换（Electronic Data Interchange，EDI）在80年代得到了极大发展。1981年，美国国家标准委员会公布了第一个EDI标准。80年代中期，EDI飞速发展，美国国家标准委员会与欧洲各国联合着手国际标准化的工作，很多国家竞相开展EDI活动。EDI综合了贸易中的各种有效方法及条码技术、自动数据采集、计算机处理技术、远程数据通信技术等。它也是一种贸易方法，它的产生加速了国际贸易走向无纸化的进程。EDI不仅加快了信息传递的速度，而且极大地扩展了信息交换的时空范围，使信息交换更加简便，因此越来越受到人们的重视。

五、大规模定制时期（1995年至今）

大规模定制（Mass Customization）是在高效率大规模生产的基础上，通过产品结构和制造过程的重组，运用现代信息技术、新材料技术、柔性技术等一系列高新技术，以大规模生产的成本和速度，为单个顾客或小批量多品种市场定制任意数量产品的一种生产模式。

（一）特点

其特点根本在于关注定制，具体而言有如下四点。

1. 大规模定制是以顾客需求为导向，是一种需求拉动型的生产模式

在传统的大规模生产方式中，先生产，后销售，因而大规模生产是一种生产推动型的生产模式；而在大规模定制中，企业以客户提出的个性化需求为生产的起点，因而大规模定制是一种需求拉动型的生产模式。

2. 大规模定制的基础是产品的模块化设计、零部件的标准化和通用化

大规模定制的基本思想在于通过产品结构和制造过程的重组将定制产品的生产转化为批量生产。通过产品结构的模块化设计、零部件的标准化，可以批量生产模块和零部件，减少定制产品中的定制部分，从而大大

缩短产品的交货提前期和减少产品的定制成本，同时拥有定制和大规模生产的优势。

3. 大规模定制的实现依赖于现代信息技术和先进制造系统

大规模定制经济必须对客户的需求做出快速反应，这就要求现代信息技术能够在各制造单元中快速传递需求信息，柔性制造系统及时对定制信息做出反应，高质量地完成产品的定制生产。

4. 大规模定制是以竞争合作的供应链管理为手段的

在定制经济中，竞争不是企业与企业之间的竞争，而是供应链与供应链之间的竞争。大规模定制企业必须与供应商建立起既竞争又合作的关系，才能整合企业内、外部资源，通过优势互补更好地满足顾客的需求。

（二）产生的条件、因素

大规模定制生产模式的出现并非偶然，而是由如下条件、因素作用或支撑的。

1.全球化

在当今世界，管理不再局限于某个国家的边界。例如：麦当劳作为一家美国公司在中国销售汉堡包，丰田这家日本公司在美国肯塔基州生产轿车，瑞士的ABB公司在马来西亚、韩国、中国和印度尼西亚建设了大型发电设备工厂，中国的海尔公司到美国、欧洲及其他国家和地区建设研发生产基地并销售产品。当今的世界显然已经成了一个地球村，各种规模、各种类型组织中的管理者在世界范围内都面临着全球市场经营机会和日益激烈的、个性化需要的挑战。

2. 互联网

自20世纪90年代中期起，互联网开始飞速发展，它强大的推动性和渗透性已经引发了人类社会的生产规模、生活方式甚至整个社会结构的深刻变革，使人类进入了网络经济时代。现在几乎到处可以看到组织（不管是大型还是小型组织，不论其规模、类型，不管是全球的还是国内的，不管是何种产业）正在成为电子企业，今天的管理者必须在电子企业环境下进行管理。至于电子企业（E. Business），它实质上是一个含义广泛的术语，描述了一个组织通过电子联结与它的关键利益相关者（雇员、管理者、顾客、供应商和合作者）开展工作的方式，以便更有效率和更有效果地实现其目标。

3. 学习型组织

在知识经济与全球化的时代，学习型组织的发展成为一种潮流。20世纪90年代，美国等发达国家兴起了学习型组织理论。学习型组织是能自由地适应环境变化，自行建立学习机制，分工协调，自行整合人力资源和知识资源，进行知识创新、自我变革和演化，实现可持续发展的自组织系统。随着全球化的不断发展，企业必须成为学习型组织，以不断提高自己的学习能力、创新能力和自我发展能力，实现企业的可持续发展。

4. 国际质量标准

20世纪90年代，质量管理理论在世界范围内得到了迅速发展。到了90年代末，全面质量管理被许多世界级企业的成功经验证明是一种使企业获得核心竞争力的管理战略。另一方面，为适应国际贸易的需要，统一各国的认识，特别是对质量保证的概念和质量保证要求的内容，亟须一个统一的准则。因此，1979年国际标准化组织（ISO）成立了“质量管理和质量保证技术委员会”（ISO/TC176）从事这方面国际标准的制定工作。1986年ISO8402国际标准颁布，1987年又颁布了ISO9000~9004质量管理和质量保证系列标准。迄今为止，如火如荼的质量管理运动在许多国家纷纷展开，质量管理不仅被引入生产制造业，而且被服务业甚至医院、机关和学校广泛应用。

5. 企业资源计划

始发于20世纪六七十年代的物料需求计划（MRP），在80年代发展到制造资源计划（Manufacturing Resources Planning，MRP II）阶段。此时，人们把生产、财务、销售、工程技术、采购等各个子系统集成为一个一体化的系统，这种管理系统能动态监测产、供、销的全部生产过程。如今，互联网技术的成熟增强了企业信息管理系统与客户或供应商之间实现信息共享和直接的数据交换能力。从它的功能可以相信，它确实是现代制造业企业比较完美的管理境界。

第二节　生产运营管理的结构、类型和地位

一、生产运营系统的结构及类型

（一）生产运营系统的结构

生产运营活动简而言之就是一个“投入—转换—产出”的过程。同时，任何一个企业的生产运营系统都是一个输入与输出的系统。企业投入人力、物力、财力、技术等资源，通过价值转换，最终输出产品或服务。表1–1简要说明了不同组织的输入与输出的转换关系。

表1–1　不同组织的输入与输出的转换关系

社会组织	输入	投入资源	转换功能	输出
医院	病人	医生、护士、药品、医疗仪器	诊断与治疗	康复的人
饭店	就餐的顾客	食物、厨师、服务员、店堂	提供饭菜和服务	满意的顾客
大学	高中毕业生	教师、教室、教材	传授知识和技能	大学毕业生
化工厂	原料、物料	设备、装备、工人、物料	化学反应与分离	化工产品

从表1–1可知，尽管不同组织的输入与输出的内容与形式不同，但都有一定的共同点，即：这些组织都需要一定的输入，需要转换的资源、一定的劳动，最后得到不同于输入的输出。输入、输出与转换共同构成了生产运营系统的有机整体。由此，可以得到生产运营系统结构图，如图1–1所示。

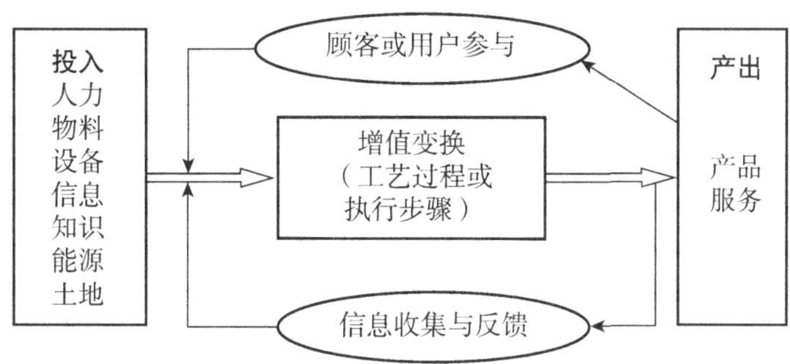

图1-1 生产运营系统结构图

（二）生产系统的类型

不同的生产系统类型，也就意味着不同的生产组织与运作的方式及特征。因此，只有了解不同的生产系统类型，并对其加以科学合理的分类，才能为企业设计合理的生产运营系统，进而获得良好的经济效益。

生产系统可以按照不同的分类标准进行划分，而这些分类标准应能反映生产过程的主要特征因素，例如，专业化、生产工艺、生产规模等。下面就以这些分类标准来讨论生产系统的类型。

1. 按照工作地的专业化程度和生产任务的重复程度分类

（1）单件生产（Simplex Production）。单件生产类型下的产品品种繁多，而每一种产品仅生产一台（件）或少数几台（件）。有的产品一次生产后不再重复生产，有的产品虽要重复生产，但是不定期的，生产的稳定性和专业化程度很低，大多数工作地要担负很多道工序。单件生产类型一般都采用通用的设备和工艺装备。

该生产类型往往是根据用户的需要来组织生产的，所以产品设计能力、工艺装备完善情况、员工的工艺操作水平、部门之间的协调与配合都是决定单件生产生产系统效率的决定性因素。

（2）大量生产（Mass Production）。大量生产也叫重复制造。该生产类型的特点是生产的产品批量很大，重复生产一种或极少数几种标准化的产品。生产条件稳定，大多数工作地固定完成一至两道工序，专业化程度较高。该生产类型往往按对象专业化组织生产，采用流水生产、生产线等生产组织形式，生产工艺工程自动化程度很高，分工细，劳动效率高，单件成本低。汽车装配线就是一种典型的大量生产形式。大量生产的劳动组织相对比较简单。

但是该种生产类型相对缺乏柔性，个性化程度较低。因为大量生产主要采用自动化的设备与密集型的生产工艺，所以保证设备的可靠性是此种生产系统成功的关键。除此之外，成本控制、物资供应的保证和员工队伍的稳定也是大量生产系统管理的重点。

（3）成批生产（Batch Production）。在单件生产的多品种、小批量生产与重复制造的大量生产之间，有一种批量比单件生产大而同时品种又比大量生产多的生产系统类型，那就是成批生产。

在该种生产类型下，各种产品在计划期内成批地轮番生产，大多数工作地要担负较多的工序。

由于在成批生产类型下，在同一生产线上生产不同的产品，因此就出现了在不同产品之间进行工艺转换的需要，即换产。换产的速度与成本对于批量生产的公司来说是很重要的竞争因素。

比较上述三种生产系统类型，从单件生产到大量生产，专业化程度越来越高，但柔性却越来越小，成批生产则是专业化程度和柔性折中的形式。三者的比较见表1-2。

表1-2 单件生产、大量生产和成批生产的特征比较

分类特征	单件生产	大量生产	成批生产
产品种类	很多而不固定	少且固定	较多
生产设备	大多采用通用设备	大多采用专用设备	两种设备均有
产品定制化程度	高	很低	较低
生产周期	长	短	较长
对劳动定额的要求	比较粗略	精细	有粗有细
生产控制	较难	易	难
生产柔性	高	低	一般
劳动组织	复杂	简单	较复杂
适应品种变化的能力	好	差	较好
单件成本	高	低	中等
生产效率	低	高	中等

2. 按照生产工艺特征分类

以产品的生产工艺作为划分标准，可以把企业生产系统分为两种显著不同的类型，即工艺连续的流程生产型以及工艺过程离散的加工装配型。

（1）流程生产型（Process Production）。流程生产型的特征是产品的生产过程是连续的、不中断的，产品的加工顺序是固定不变的，工序之间没有在制品储存，劳动对象按照固定不变的生产工艺流程连续不断地通过一系列设备和装置，被加工成最终产品。炼油、化工、造纸等是流程生产型的典型代表。

（2）加工装配型（Assembly Production）。加工装配型生产也叫离散生产、间断生产（Discrete Production），它的产品是由许多零部件组成的，工序之间要求有一定的在制品库存，各零件的加工过程是彼此独立的，所以整个产品的生产工艺是离散的，制成的零件再通过装配形成最终产品。电子设备制造、机械制造行业的生产系统都属于此种类型。

3. 根据接受生产任务的方式分类

（1）存货型（Make-to-stock，MTS）生产。存货型生产是在对市场需要量进行预测的基础上，有计划地进行生产，产品有库存。

存货型生产一般比较适合产品已有一定市场销路以及销量稳定等情况。这种生产系统的管理比较方便，有利于系统的改进以及提高生产效率。

在该生产类型下，为防止库存积压和脱销，生产运营管理的重点是抓供、产、销之间的衔接，按“量”组织生产过程各环节之间的平衡，保证全面完成计划任务。

（2）订货型（Make-to-order，MTO）生产。订货型生产简单来说就是按用户订单进行的生产。用户提出关于产品的各种要求，包括性能、数量等，再经过协商确定价格和交货期等要素，然后根据这些情况组织设计和生产。

由于订货型生产要有订单才能组织生产，因此相比于存货型生产，订货型生产的产品品种与数量波动较大，而且需要时常调整生产计划，导致生产组织的复杂性增加以及管理活动的难度加大。

在该生产类型下，生产运营管理的重点是抓交货期，按“期”组织生产过程各环节的衔接平衡，保证按期交货。

存货型生产与订货型生产的特征比较见表1-3。

表1-3　存货型生产与订货型生产的特征比较

特征＼分类	存货型生产	订货型生产
产品特征	需求稳定可预测	需求波动大难以预测
产品价格	生产企业事先确定	订货时双方协商
交货能力	快速	较慢
人员技能要求	专业化	多能化
设备	多采用专用高效设备	多采用通用设备
生产组织	按照预测组织生产	按照订单组织生产
生产类型	大量生产	单件生产
市场适应能力	较弱	较强

二、生产运营管理在企业管理中的地位

任何一个企业，无论它是提供有形的产品还是无形的服务，从其组织结构来看均有三个既相互区别又相互联系的基本职能：生产运营、营销和财务。生产运营管理在企业管理中的位置如图1-2所示。

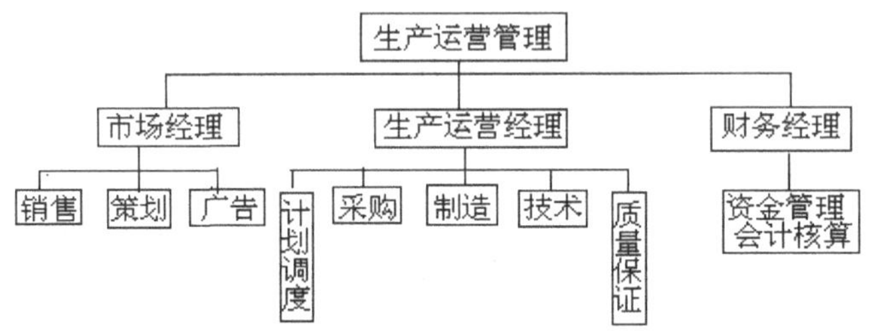

图1-2　生产运营管理在企业管理中的位置

生产就是制造产品和提供服务。对生产活动进行协调，以便能够有效率和有效果地实现生产目标的过程即为运营管理（Operations Management，OM）。换言之，就是将输入转化为输出的一系列创造价值的活动，并以产品和服务的形式来体现。

在制造业中，产品生产活动通常十分明显。生产（Production）活动通常意味着原材料和其他物质资源在形态上的改变与劳动价值形成的综合，即根据用户的需要，在企业内部管理人员的控制下，把一些物资转变成具

备用户需要的使用价值的产品。在非制造业中，其生产职能的表现形式也许不那么明显，在提供服务时也可能并不生产有形产品，且产品形式是多种多样的，例如资金转账服务、咨询服务、肾脏移植手术或是教育服务和美容服务等。非制造业的生产活动通常也称为运营（Operations），即企业为用户提供所需的服务而进行的活动。

生产运营系统是一个企业的增加值形成系统，通常占用一个企业的大部分人、财、物力资源。生产运营系统的效率高低和效果好坏，即运营管理水平的高低，往往决定着企业的竞争力。

当然，企业的生产运营活动是不能脱离营销和财务而独立进行的：没有营销，生产就没有目标，生产出来的产品的价值就无法实现；没有财务活动对资金的筹措与合理调度，企业的生产和营销活动就无法正常开展。总之，企业是一个整体，企业的三大基本职能也是一个相互联系的整体。尽管为了学术研究与教学的需要，它们有相对独立的学科领域与课程设置，但并不存在有此非彼的关系。只有对这三大基本职能都有所了解，才能更好地胜任企业的管理工作。

三、生产运营管理模式不断更新

企业面对环境的变化以及技术的发展和现代管理理论的发展使得企业原来的生产模式、组织结构变得不合适了。生产系统需要不断优化、创新、再设计，生产运营管理的模式也要随之更新。例如在科学管理时代，生产管理的重点是进行动作分析，从中找到标准化的动作，以使每个个体都实现高生产效率。而到了21世纪，由于产业或企业间的关联越来越密切，纵向和横向一体化的集成也是产业发展的需要。为了抓住转瞬即逝的机遇，跨企业的集成管理势必引起企业的重视。越来越多的企业开始致力于整个供应链上物流、信息流和资金流的合理化和优化，企业之间的竞争日趋成为供应链之间的竞争。

随着生态环保问题关注度的日益提高，“绿色制造”成为新的生产模式，以破坏生态环境为代价的生产方式正在逐步被取缔。“绿色制造”鼓励使用清洁能源，节能降耗，限制工业废水、废气、废渣的排放，同时还提倡资源的循环再利用，是一种新的生产运营模式。

四、服务导向型制造将成为制造业发展的新方向

服务导向型制造，简言之就是制造业与服务业的密切融合。许多世

界级大公司如通用电气、IBM等，都已由单一的制造领域向服务领域拓展，并取得了良好的绩效。在经济快速发展的我国，服务导向型制造是企业未来发展的新方向之一，对于提高企业的综合竞争力有着不可小觑的作用。

第三节　生产运营管理的目标、内容和作用

一、生产运营管理的目标

简单地说，企业生产运营管理的目标就是高效、灵活、准时、低耗、可靠地生产合格的产品或提供满意的服务，或者说是“在需要的时候，以适宜的价格，向顾客提供具有适当质量的产品和服务”。

具体而言，必须全面完成企业生产计划所规定的各项任务，包括达到产品的品种、产量、质量、交货期等各项要求。同时不断降低物耗及生产运营成本，缩短生产周期，减少库存产品，提高企业的经济效益。还要努力提高企业生产运营系统的柔性，增强系统的适应能力，使生产运营系统能适应市场需求的变化，更好地为企业的战略目标服务。

二、生产运营管理的内容

现代生产运营管理的范围已从传统的制造业企业扩大到服务业企业。其研究内容也已不再局限于生产过程的计划、组织与控制，而是把生产运营战略、新产品开发、产品设计、采购供应、生产制造、产品配送直至售后服务看成是一条完整的“价值链”，对其进行集成管理。因此，生产运营管理的内容按照层次可分为以下四个部分。

（1）生产运营战略的制定。生产运营战略是生产运营管理中最重要的一部分。它是指在企业经营战略与竞争战略的总体框架下，如何通过生产运营管理活动来支持和完成企业的总体战略目标。生产运营战略具体包括产品战略决策、生产系统战略决策、人力资源战略决策、供应链结构的设计以及纵向集成度的选择等内容。

（2）生产运营系统的设计。在生产运营战略确定后，为了确保战略的有效实施，首先需要一个实施手段或者工具，即生产运营系统。所以，紧接着就要着手设计和构建生产运营系统。具体包括生产运营技术的选择、

生产运营流程的设计、生产能力的规划以及企业选址与设施布置、工作设计、产品和服务设计等内容。

（3）生产运营系统的运行。生产运营系统建立后，随之就是系统的运行，以实现企业的生产运营战略和目标。主要包括不同层次的生产运营计划的编制、作业排序与调度、库存管理、质量控制等。

（4）生产运营系统的完善。生产运营系统的运行过程中必然会产生一系列的相关问题，诸如计划落实、质量管理、设施和设备的维护等。企业要根据实际要求，不断提高相关人员的素质，采用新的理论和方法完善既成的生产运营系统。

三、生产运营管理的作用

企业生产运营管理的主要作用归纳如下。

（一）生产运营是一切企业经营的三个主要职能之一

任何一个企业，无论是提供有形的产品还是无形的服务，均有三个既相互区别又相互联系的最基本的职能：生产运营、营销和财务。因此，生产运营在企业中有着举足轻重的作用。

（二）生产运营是企业创造产品/服务价值的主要环节

从人类社会经济发展的角度来看，除了自然界带来的财富（如煤、石油等矿产）之外，物质产品制造是人类能动地创造财富的最主要活动。工业生产直接决定着人们衣食住行的方式，同时也影响着农业、矿业等其他产业以及工业自身技术装备的能力。除此之外，随着生产规模的不断扩大，产品和生产技术的日益复杂，市场交易活动的日益活跃，一系列连接生产活动的媒介活动也变得越来越重要。例如，与工业生产密切相关的金融业、保险业、对外贸易业、房地产业、运输业、技术服务业、信息业等服务行业在现代生活中所占的比重越来越大。这些行业在人类创造财富的过程中扮演着越来越重要的角色，同样是创造价值和财富的必要环节。因此，无论是制造业的生产过程还是服务业的服务过程，都是生产运营过程，是企业创造价值，从而获取利润、服务社会的主要环节。

（三）生产运营管理的水平是影响企业竞争力的主要方面

在市场经济条件下，对于如何提高企业的竞争力，不同的企业有不同的做法。例如，丰田汽车是通过提高用户所看重的价值，比如省油、车况稳定、价格低廉来保持其在市场上的销量和信誉，海尔集团的亮点则是高质量的服务，而麦当劳公司则采取快速服务等。这些企业的实例说明企业间的竞争就是在所生产和提供的产品或服务上的竞争，即产品服务在价格、质量和可获得性上的竞争。而这些方面的工作主要通过生产运营管理来实现。由此可知，企业可以通过高效的生产运营管理向顾客提供富有竞争优势的产品或服务，以此来提高整个企业在国内外同行业中的竞争力。

第四节　现代企业生产运营管理现状与发展趋势

近二三十年来，随着世界经济以及技术的飞速发展，现代企业生产运营管理与传统生产管理相比，其内涵、理念等都发生了深刻的变化。这些变化使企业生产运营管理面对严峻挑战的同时，也出现了不同以往的发展趋势。

一、生产运营管理面临的形势

（一）新技术发展日新月异

在信息技术的推动下，知识社会的形成及其对技术创新的影响使得近些年来自动化技术、微电子技术、计算机技术、新材料技术、网络技术等发展越来越快，在给企业提供了更先进的手段生产、更具竞争力的产品和更多样化的服务的同时，也使企业不得不面对生产技术的选择以及生产运营系统的重新设计、调整和组合。

（二）市场需求日趋多样化

随着世界经济的发展，多数国家已由过去的卖方市场转变成为现在的买方市场，顾客对产品和服务的需求日趋个性化和多样化，对产品的质量和性能的要求变得更高。为了应对这种变化对企业造成的影响，必须改变以往单一品种大批量生产的模式而向多品种小批量生产转变，缩短产品生产周期，对产品不断进行更新换代。

（三）经济全球化及企业间竞争日趋激烈

进入21世纪以来，世界各国经济在生产、分配、交换和消费环节的全球趋同化趋势前所未有地加强，使得世界各地的市场变得更加容易进入，各国企业间的竞争不断加强。与此同时，随着买方市场的扩大，本国企业间的竞争方式和类型也越来越多，使得本国企业间的竞争也越来越残酷。

（四）环境问题日益严重

工业生产的发展在为人类带来巨大物质财富的同时，也给生态环境带来了不可小视的负面影响。全球气候变暖、大气臭氧层空洞、生物多样性减少，都是人类为工业化付出的严重代价。我国工业、制造业消耗了大量的能源资源，污水废气排放量也居高不下，这都对经济的可持续发展造成不良影响。所以说，我国的绿色生产是势在必行也迫在眉睫的。企业在制订和完善生产运营计划的时候必须考虑到环境问题，一定要在提高产品和服务质量的同时保护生态环境。

二、现代生产运营管理的发展趋势

现代生产运营管理的范围，已经不仅局限于制造企业的制造过程，在很多方面都有了新发展。

（一）生产运营管理的范围不断扩展

传统的生产管理主要局限在制造业的生产过程和生产系统的控制。而现代生产运营管理则不仅研究制造业，也研究服务业等非制造业的运营管理问题。同时，现代生产运营管理涵盖的内容不仅局限于生产过程的计划、组织与控制，而且包括生产运营战略的制定以及生产运营系统的设计、运行和维护等在内的多个层次的内容。现代生产运营管理对生产活动的理解，除了制造以外，还包括供应商管理，产品的研制、开发、配送，以及售后服务等全过程。

（二）多品种中小批量生产成为主流生产方式

随着买方市场的日益成熟，顾客需求的日益多样化、个性化，这就导致产品生命周期的缩短，多品种中小批量生产将取代传统的标准化大量生产。现代企业生产运营管理强调从生产系统的“硬件”（柔性生产系统，

FMS）和“软件”（计划与控制系统、员工技能多样化、具有快速响应性的组织结构设计等）两个方面去解决多品种小批量生产与降低成本之间的矛盾。

（三）信息技术和现代管理理论在生产运营管理中得到综合应用

由于市场需求的多样化，产品品种日益增多，企业生产运营系统要处理的信息量很大而且变化快，这种状况仅靠人脑处理是不现实的，这就使得生产运营系统与信息技术不可分离。信息技术已经成为生产运营系统计划、控制与管理的重要手段。

除此之外，现代管理理论如组织行为学、运筹学等也在生产运营管理中得到综合运用。通过灵活运用这些理论，生产运营管理的视野变得更广阔，解决问题的方法和手段也更丰富。

第二章　现代企业生产运营战略

企业的竞争从一定程度上来说是战略的竞争，而生产运营战略在企业战略中起关键作用，相当多的公司由于生产运营战略的失误而导致企业战略的失败。本章将从企业生产运营战略的概念出发，对生产运营战略的形成、类型等进行论述。

第一节　企业战略和生产运营战略概述

生产运营战略侧重于生产运营资源和流程的长期开发，以便形成可持续的竞争优势。生产运营战略是在企业战略指导下制定的，是企业总体战略顺利实施及成功的基础。生产运营战略应关注外部竞争环境的变化，以及运营部门应对当前的和未来的挑战所必须完成的任务。

一、企业战略和生产运营战略的概念

（一）企业战略的概念

战略具有整体性、长远性、指导性和相对稳定性等特征。战略不同于战术，一般来说，战略与战术主要是全局与局部的关系，战术具有局部性、短期性和相对不稳定性等特征。

20世纪60年代初，有两本关于企业战略的巨著问世：一本是1962年美国企业史大师钱德勒（Alfred Dupont Chandler）的著作《战略与组织：工业企业史的考察》；另一本是1965年出版的，美国管理学家安索夫（H. I. Ansoff）写的《企业战略概论》。这两本著作问世后，“企业战略”一词逐渐被广泛应用。

企业长期绩效的决策和行动是由企业战略决定的，经营范围、成长方向、竞争优势和协同效应都是一个完整的企业战略应包括的内容，这些要素可以在企业中产生合力，形成共同的运作主线。

（1）经营范围。企业赖以生存的产品与市场领域就是企业的经营范围。它包括企业现在正在从事的事业活动范围（即企业“正在做什么”）和企业将来准备从事的事业活动范围（即企业“将来做什么”）。

（2）成长方向。成长方向是指在既有与将有的产品与市场领域中，企业的经营活动将来的发展方向。

（3）竞争优势。竞争优势是指企业通过资源配置的模式与经营范围的决策，在市场上所形成的与其竞争对手不同的竞争地位。有学者认为个别产品和市场的特性可以给企业带来强有力的竞争地位，也有学者认为企业的竞争优势来自于企业根据自己的产品和细分市场所选择的资源和技能的应用方式。

（4）协同效应。协同效应是指企业从成长方向和经营范围的决策中所能寻求到的各种共同努力的结果。也就是说，若干因素的有效组合可以比各个因素单独作用产生更大的效果。

总的来说，企业战略就是企业高层管理者以企业的未来为基点，根据企业的外部环境和内部条件，为求得企业生存和长期发展而做出的长期性、全局性的规划，以及为了实现这一规划所采取的主要行动方式、方法，即达成计划的途径和行动方式。

企业战略的核心是在企业利益相关者期望的背景下，使企业的经营目标、经营范围、资源与能力等因素在可以接受的风险程度内与外部环境所提供的机会取得动态平衡，并防止环境变化对企业可能造成的威胁。

（二）生产运营战略的概念

就企业生产运营管理而言，必须对生产运营系统的许多重大问题做出决策。生产运营目标什么样的选择是比较合适的？标准化产品和顾客定制的特殊产品应该怎么平衡？产品线有多大的宽度和深度？靠近目标市场还是原材料产地的厂址应该选哪个？生产运营规模应选择多大以及采用什么样的方法扩大规模？是建一个大厂还是几个小厂？采用什么样的工艺技术？选择通用还是专用性质的设备？使用的原材料是外部购买还是自己提供？达到怎样的质量标准？使用具有哪种专业知识和技能的工人？怎样进行生产运营成本和库存控制？等等。所有这些，都属于生产运营战略要加以认真研究解决的问题。

在这种环境下，企业必须有一个长期发展的指导性计划，要能够预测未来的发展，不至于迷失发展方向。围绕如何利用企业资源支持企业长期战略并制定各项政策和计划，于是就提出了生产运营战略问题。

生产运营战略是企业根据目标市场和产品特点构造其生产运营系统

时所遵循的指导思想，以及在这种指导思想下的一系列决策规划、内容和程序。

生产运营战略主要就是决定企业在产品、生产过程、生产方法、制造资源、质量、成本、生产周期、生产计划等方面的选择。

作为一系列决策的总和，整个企业的总体变换过程是生产运营战略更多需要考虑的方面，对单个流程的关心则相对较少。生产运营战略是对如何开展企业生产运营活动所做的具有全局性的谋划，是用来对企业的生产运营活动的行动进行指导的纲领，形成的是一种企业的战略性计划，内容包括关于生产运营系统怎么使企业在市场立足、怎样帮助获得竞争优势、怎样给企业的可持续发展提供有力支持和保证。为了生产运营系统在企业运营中的有效性能够实现，作为一系列决策的过程，生产运营战略对决策内容、程序、原则和模式做出了十分明确的规定。由此可知，生产运营战略的基本任务和作用是保证企业战略的实现，具体说来就是帮助企业在其生产运营领域内获得竞争优势，如快速响应市场、引领时尚潮流、提升运营能力等。

二、生产运营战略的特征

企业长期成功的一个重要竞争武器就是企业战略的实现。为了支持和保证企业战略能够实现，企业必须对开发利用生产资源或能力的广泛性的政策和计划进行确定。企业战略是生产运营战略制定的前提，也会对其产生约束，生产运营战略的制定与其所属公司内的其他战略也有密切的联系，应与市场营销战略、财务战略等相互协调、相互配合。同时，企业外部的商业环境也会对生产运营战略的制定产生影响。生产运营战略具有以下几项基本特征。

（一）从属性

从属性是指生产运营战略是企业战略的一个重要组成部分，必须服从企业总体战略的要求，从生产运营角度考虑如何有效实现企业整体目标。

（二）贡献性

贡献性主要指生产运营战略的意义并不是体现在直接参与市场争夺活动方面，而是强调通过构造卓越的生产运营系统来为企业获得竞争优势、做出贡献，为企业的长期稳定发展提供坚实的基础。

（三）一致性

生产运营战略不仅要和企业的整体要求相一致，而且生产运营系统内部的构成要素也要协调一致，使生产运营系统的结构形式和运行机制相匹配。

（四）可操作性

可操作性指生产运营战略作为实现企业战略的途径之一，在强调战略作为一种指导思想的同时，也要注意战略实施的有关问题，即注重各个决策之间的目标分解、传递和转化过程，以形成各级人员的共识和参与，指导进行方向一致的具体决策和生产运营行为。

三、生产运营战略与企业战略的关系

根据决策内容的特点，一般将企业的战略体系分为三个层次：公司级战略、部门级战略和职能级战略，如图2–1所示。其中，生产运营战略属于职能级战略。

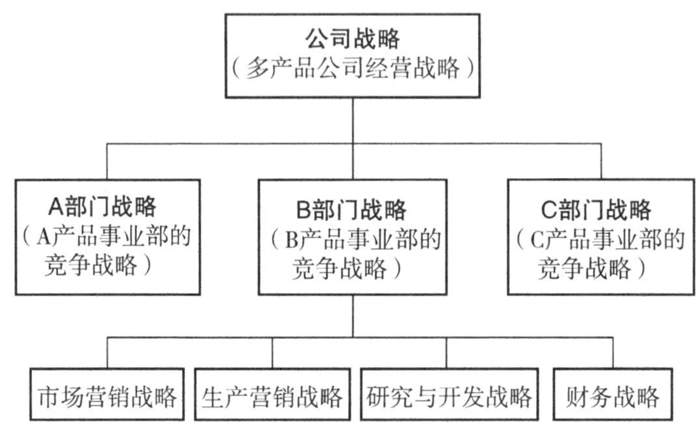

图2–1　企业战略的层次构成

生产运营战略和企业战略呈一种相互依存、相互制约的关系。一方面，公司级战略统领企业经营的全局，为企业的经营与发展确定目标，指明方向。而生产运营战略作为企业生产运营方面的行动纲领，必须与企业战略协调一致。

因此，在制定生产运营战略时，必须将企业战略作为一种重要的制约因素，服从企业战略的总目标和总要求，以是否有利于实现企业战略和总目标为标准衡量生产运营战略的优劣，并依据企业战略的变化来对生产运营战略做出相应的调整。

另一方面，企业战略固然重要，但制定企业战略仅仅是工作的开始，更重要的是如何有效地实施企业战略，这就需要根据企业的长远、总体发展来看了，因此不可能对企业经营全局的各个方面做非常细致、周全的考虑。相反，尽管企业战略具有粗线条、轮廓化、笼统化的特点，通过生产运营战略等职能级战略，可以对企业战略进行分解，导出企业战略实现的途径和政策，将企业总体战略思想和目标加以精确化、具体化，规范人们的决策和行为标准，指导各方面的活动。

最后，企业战略只是规定了企业发展方向和目标，而要实现这一点，不仅需要每个人、每个职能部门的努力工作，还需要相互间的协调与配合。通过职能级战略，可以促进企业战略思想在企业内部的良好沟通，为相互之间协调一致的配合创造条件。从这个意义上讲，生产运营战略是实现企业战略不可缺少的重要环节和保证。

第二节　生产运营战略的形成

一、竞争优势要素

价格、质量、品种、服务、时间和环保是影响顾客对产品和服务需求的六大因素，对企业来说，成本、质量、速度、柔性和服务是企业赢得竞争的主要因素，如图2-2所示。

因素	特征
质量	满足要求
速度	快速准确
服务	周到细致
柔性	适应变化
成本	低成本

市场竞争

图2-2　市场竞争的主要因素

（一）成本

对于直接靠价格参与竞争的企业来说，很显然，成本是主要的绩效目标。

企业生产产品和服务的成本越低，向顾客出售产品和服务的价格就越低，即使是那些主要以非价格要素参与竞争的企业，也会竭力保持低成本。低成本的企业在竞争中往往比较主动，在价格战中胜算的概率大。对于这类企业来说，降低生产成本是生产运营管理的重要目标，只有按低于社会平均劳动消耗的成本水平在市场上销售，企业才有可能赢利。企业能否以最低的成本向顾客提供产品和服务，取决于在生产过程中运营管理水平的高低。生产成本不是在最终核算出来的，而是在生产过程中形成的。

（二）质量

质量是指一组固有特性满足要求的程度。提供优质的产品或服务是企业生存发展的前提。随着社会生产力的发展，质量的含义也不断丰富和扩展，从开始的实物产品质量发展为产品或服务满足规定和潜在需要的特征和特性之总和再发展到今天的实体，即可以单独描述和研究的事物（如某项活动或过程，某个产品，某个组织、体系或人以及他们的任何组合）的质量。在同样情况下，质量高的企业竞争力强。所以，企业要取得竞争优势就需要努力提高产品质量。

（三）速度

速度主要是指市场的响应能力，这是基于时间的竞争战略。如果一个企业能够快速、顺畅地并以低成本响应市场，满足顾客需求，说明速度快。快速生产产品或者提供服务，产品生命周期缩短，同时要求开发周期也要压缩，这是企业生产运营系统运行的优势体现。

（四）柔性

柔性指的是采取不同状态的能力，从事不同的工作或做不同的事情；也表示在几种不同的可能状态之间转换的难易程度。柔性可以表述为两个方面：企业为顾客提供多种产品的能力和企业快速转换工艺生产新产品的能力。

在许多市场上，企业对需求增减变化的反应能力是重要的竞争能力，主要考虑系统适应外部环境变化和适应内部变化两方面的能力。系统的柔性对系统的生存越来越重要，表2–1是一家银行的柔性能力的表现。

表2-1　一家银行运营中的四种整体运营柔性的范围柔性及其响应柔性的衡量尺度

整体运营柔性	范围柔性	响应柔性
产品和服务柔性	一个拥有设计、采购和运营能力的公司所创造的产品和服务范围："我们擅长将各类不同的金融交易组合起来，满足客户广泛的需求。"	开发或改进产品或服务，以及使产品或服务的创造进入正式开始的过程所需要的时间和成本："我们可以快速组合客户化的金融服务套餐。"
组合柔性	既定时期内公司所创造的产品和服务的范围："我们的标准服务范围很广，足以满足大多数潜在客户的需求。"	调节产品和服务的组合所需花费的时间和成本："客户需要的任何时间，我们都能提供标准化的服务。"
产量柔性	对于既定的产品或服务组合，一个公司所能达到的总产出水平："通常，随着服务需求的变化，我们的活动水平必须做出相应的调整。"	改变总产出水平所需花费的时间和成本："快速响应市场需求的变化是很重要的，这样我们的服务响应时间不至于变得越来越糟糕。"
交付柔性	交付日期可能提前的程度："如果市场条件变化了，我们有时必须将最复杂的金融套餐的完成日期提前。"	为了重新计划交付日期而重新组织运营所需花费的时间和成本："尽管改变一项金融套餐服务的到期日会导致内部混乱，但我们的多面手团队能够以快速而有效的方式采取行动。"

（五）服务

现在很多制造企业在生产产品的同时也提供服务，通过服务提高产品的竞争力。售前、售中、售后的各类服务是企业赢得顾客的关键，如注意顾客反馈信息，通过售后服务的信息反馈来改善产品的质量，改进产品设计等。确保交货期，在承诺的时间内送达也是服务的体现。在企业的生产经营活动中，企业的有关职能部门都有其相应的交货期要求。交货期除考虑产品生产周期外，还应考虑运输条件、中转时间等因素。时间要素对竞争力的贡献日益明显，所以新的运营战略往往将其作为主要的战略要素来考虑。

二、制定生产运营战略应考虑的关键要素

制定生产运营战略，必须从生产运营职能的特有角度出发，综合考虑企业内外部环境各种因素的影响。但对特定的企业而言，制定生产运营战略时必须具体问题具体分析。

（一）企业战略

生产运营战略是否能对企业战略和企业使命给予支持是衡量企业战略是否成功的标准，因此必须将企业战略作为生产运营战略制定时的重要约束条件。

企业战略是为了帮企业找到关键点，并发展其成为竞争优势，所以企业应发展哪些特色能力是企业战略关注的重点。当采用的企业战略不同时，生产运营战略也会有很大的不同。例如，当采用成本领先策略时，生产运营系统往往减少产品品种和工艺的多样化，批量集中生产运营某一产品或某一工艺阶段，生产运营系统的灵活性较差；当采用产品差异化战略时，生产运营系统的产品创新、技术领导、质量管理等方面能力增强，灵活性好，但在成本控制方面的能力有所削弱。

（二）市场需求

企业的产品品种、数量、质量、价格、服务、交货期等各个方面都是由市场需求决定的。产品的订单资格标准OQC（Order-Qualifying Criteria）和赢得订货标准OWC（Order-Winning Criteria）的具体内容的确定，一般都是在全面分析目标市场顾客的需求内容、趋势、特点及其消费心理和行为之后确定的，最后是对生产运营系统功能目标的具体要求进行确定，这些都是制定生产运营战略必须提供的重要依据。

（三）生产运营类型

以生产运营过程的特征和基本性质为依据对生产运营类型进行分类，其实在很大程度上代表的就是生产运营系统结构，是表现生产运营系统结构的具体形式。

生产运营系统的功能目标是由生产运营系统结构决定的，由此可知，生产运营系统的功能目标是由生产运营类型决定的。除此之外，生产运营

流程也是由生产运营类型决定的。

（四）技术因素

技术进步给企业发展带来机会的同时，也给企业带来了威胁。企业的生产和运营主要受技术进步两个方面的影响：一方面是新产品和新服务会受到技术进步的影响，另一方面技术进步会影响生产方法、生产工艺、业务组织方式。综上所述，随着技术不断发展进步，生产运营战略也要不断进行调整，制定生产运营战略的一项重要内容就是进行技术选择。生产运营技术由生产运营工艺技术和生产运营工艺设备两部分组成，其中，生产运营工艺技术是指生产运营产品的方法，包括加工路线、方法、知识、工艺参数、质量标准等。

（五）产品生命周期

产品生命周期是指一种产品从研制开发成功投入市场开始，到其因不再能很好地满足顾客需要而退出市场的整个过程，包括投入期、成长期、成熟期和衰退期四个阶段。竞争焦点、生产销量、生产运营工艺过程和设备等基本特征是随着产品生命周期的不同阶段而不断变化的，因此产品生命周期的不同阶段对生产运营系统也有不同的要求。

三、生产运营战略的决策过程和内容

生产运营战略的过程是一系列程序，这些程序能够用于制定组织应该采用的生产运营战略。过程决定了运营机构在实践中如何实现市场需求和运营资源之间的相互协调，对生产运营管理人员来说，必须全面细致地权衡和分析各方面因素之后，再制定生产运营战略。

（一）生产运营战略的决策过程

如图2–3所示，以生产运营战略的竞争优势理论为指导，生产运营战略的核心决策过程由两部分组成。

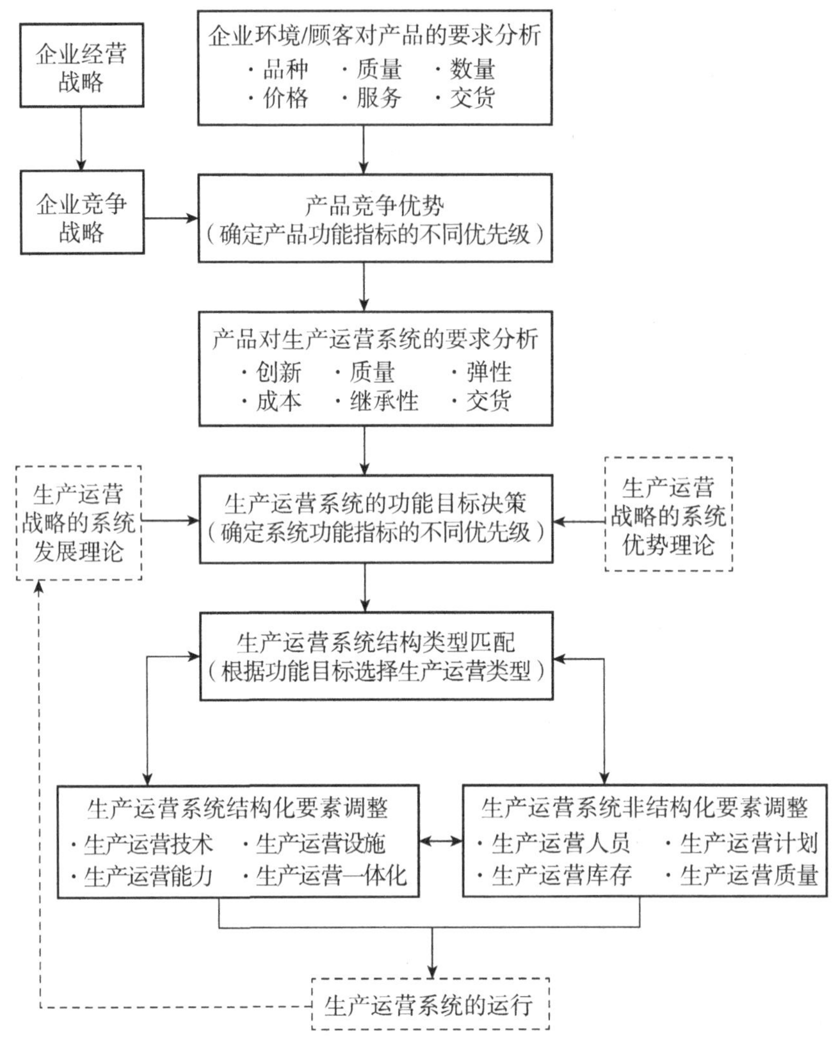

图2–3 生产运营战略的决策过程

一部分是生产运营系统功能目标决策，包括根据顾客的需求特性和企业的竞争战略来定义产品的功能，再由产品将这些功能转换为对生产运营系统的功能目标。

另一部分是生产运营系统结构的决策，以既定的系统功能目标和生产运营系统固有的结构—功能特性为根据，“匹配”生产运营类型就是生产运营系统结构的决策，实现这种匹配过程需要对系统结构与非结构化要素进行调整。

为了使生产运营系统对产品市场竞争优势的保证得以实现，以上两部分十分关键，必不可少。由此可知，生产运营战略从竞争和获取竞争优势两个方面，对通过目标优先级决策来增加生产运营系统的竞争优势，进而提高产品竞争优势，保证产品竞争力逐渐增强；另外，在生产运营类型结构框架下，生产运营系统各要素间的协调性也是生产运营战略十分看重的。

生产运营系统的有效性是由生产运营系统的功能目标保障的，由于生产运营系统的功能目标反映出来的只是产品立足订单资格标准OQC的赢得订货标准OWC，所以应该完全与产品应具备的功能保持一致。生产运营系统的功能目标决策通过转化，可解决识别、定义产品的功能特性的问题。生产运营系统要想使自身所担负的基本使命能顺利完成，必须保证在其结构上建立的功能与赢得订货标准OWC的（立足于订单资格标准OQC）要求相符。当然，确定立足订单资格标准OQC的赢得订货标准OWC时，必须对市场需求、企业战略、行业和竞争对手情况、产品所处生命周期等众多因素进行全面分析。由于许多情况下改善某一产品功能的同时，伴随着其他产品功能特性的劣化，因此，应加强综合平衡，突出重点，将订单赢得要素转化为特定的运营绩效要求。

当明确生产运营系统的功能目标后，就可以选择相匹配的生产运营结构。

由于运营系统结构和生产运营系统功能目标之间关系特点的规律性，使得人们分析和选择的范围很小，从而这一决策过程十分明确。应当注意的是，随着对生产运营系统的相悖功能目标（如生产运营效率和应变能力）要求的同步提高，这种匹配关系很难维系。为解决这一问题，可实施“制造集中化”，通过目标市场集中化使企业产品集中化，进而实现生产运营集中化，以防止生产运营系统的相悖功能目标要求同步提高。企业也可以通过对经典的生产运营系统进行创新，建立“世界级制造系统”，如CIMS、JIT等，来积极迎接这种挑战。

（二）生产运营战略的内容

通常情况下，生产运营战略应考虑的内容主要包括以下几个方面：

（1）产品或服务的选择——对象决策。每一种产品和服务的特征都直接影响生产运营决策。

（2）厂址（连锁店、仓储、配送中心）选择——生产运营网络及布局决策。企业生产运营系统必须是从价值链增值观点出发，以供应链管理为基点确定的，这样才是最适合的。

（3）产品/服务—流程矩阵——生产类型和流程决策。对构造的生产运营系统的类型、需要开发的产品生产技术和工艺流程，以及生产产品或提供服务要遵循的作业流程等具体内容予以确认。

（4）物流系统规划与布置——（实物/服务）过程组织决策。它又包括：①企业内部物流系统（生产物流）设置与加工对象移动方式决策和②企业间物流系统（供应物流、分销物流）布置。

顾客要求的质量、价格、服务、交货期水平，可直接用来指导生产运营系统的成本、质量控制标准；顾客需求量的发展变化模式，直接影响着生产运营规模、生产运营技术和生产设备的选择。OWC的展开分析强调了产品无功能目标的优先级，从而可明确生产运营系统功能目标的优先级，突出主要矛盾。

（三）竞争要素中的两大要素

一种决定竞争要素相对重要性（或至少是不同特点）的方法，是将所谓的订单赢得要素和资格要素加以区分。尽管这不是新的概念，却是特别有用的方法。不同的作者有不同的叫法，因此订单赢得要素有时也被称为竞争前沿要素、关键因素或重要因素、动机因素、强化因素等，而资格要素有时也可能叫作保健因素或失败预防因素。

1. 订单赢得要素和资格要素

客户认为会购买产品或服务的关键原因就是订单赢得要素（order-winning factors），它对赢得业务有直接而重要的影响。因此，在确定竞争策略时，企业需要考虑的最为重要的方面就是订单赢得要素，把它的绩效提上来，会给企业带来更多的业务或使赢得更多业务的机会增加。

资格要素（qualifying factors）是指运营机构的某些绩效在竞争中必须达到能被客户接受的特定水平。许多都是优先对资格要素达到最低要求水平以上的公司，考虑是否合作，因此如果资格要素没有达到这一水平，是很难进入客户的考虑范围的，但主要还是以订单赢得要素方面的绩效为根据来考虑。想要赢得更多的竞争利益，切记不能在资格要素达到某一水平后再对其进一步改善。

除了以上两个要素以外，还有一些次要的要素，尽管它们对客户的决策影响并不是非常明显，但可能对运营活动的其他部分来说，是很重要的。

2. 订单赢得要素和资格要素所带来的收益

订单赢得要素和资格要素之间的区别阐明了一个重要观点，即竞争要素之间不仅相对重要性不同，而且其特点也不同。这就促使我们考虑，由竞争要素所产生的竞争收益是如何随运营机构的绩效而变化的，也就是说，它指出了运营机构由于擅长不同的绩效方面而获得的利益。图2–4表明了在不同的绩效水平下，订单赢得要素和资格要素所获得的利益。一个组织无论其资格要素多么好，都不会获得很高的竞争收益——通常所能获得的最好结果也只是中等的。毕竟客户会预期到这些事情，因此即使获得了这些资格要素的服务，客户也不会特别满意，因为这些要求是理所当然的。但是，如果组织在资格要素上没有获得满意的绩效水平，很可能会导致客户极大的不满，这在图2–4中表现为负的竞争收益。实际上，资格要素的收益函数具有不连续性，这一点与订单赢得要素是不同的。订单赢得要素依其绩效可以获得正的或负的竞争收益，它的收益函数是线性的。订单赢得要素的优势（也是它被称为订单赢得要素的原因）在于高的绩效水平可以获得正的竞争收益，进而获得更多的订单。

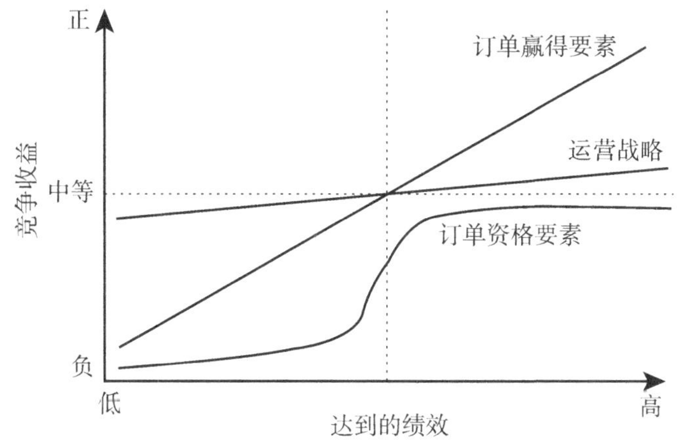

图2–4　订单赢得要素和资格要素

次要因素只是在其收益函数具有连续性这一点上和订单赢得要素十分相似，但是在竞争方面却不那么重要。

3. 对订单赢得要素和资格要素概念的不同看法

将竞争要素分为订单赢得要素和资格要素，有两种不同看法：

其一，订单赢得要素和资格要素的思想是建立在潜在的产品和服务的购买者只考虑一次交易时的行为方式的基础上。然而，越来越多的消费品以及服务的购买者并不只是考虑一次交易，而是考虑建立长远的合作关系。

一些客户也愿意接受订单赢得要素或资格要素偶尔的下滑，因为客户希望与其供应商保持长期的关系。因此，这种关系本身超过了订单赢得要素和资格要素的思想，而成为赢得订单的主要竞争要素。

其二，对订单赢得要素和资格要素概念的最初解释是基于过去的销售数据，包括个别客户对个别订单的反应，而一个更传统的、基于市场的方法会在每一个市场细分阶段面对大得多的客户群体。

四、服务战略要素

对服务企业而言，除考虑上述要素外，还必须关注服务系统本身的特点。

例如，服务地点尤为重要，所以选择一个好的厂址是战略成功的关键之一：进入障碍小，因为通常所需资本投资少，且服务产品是非特权的，难以申请专利保护，难以建立优势技术；在以人为基础的服务企业中，关键人员的作用比设备更重要，企业的生存和发展始终会因关键人员可能出走而面临很大风险；提高服务柔性是获取竞争优势的关键，因为服务的个性化因素较为突出，而且其所需成本难以计量，使得价格合理性的基础不明确，降低了价格竞争的效果，如邮政特快专递业务尽管邮资比普通邮递高几十、甚至上百倍，但仍在迅速发展等。服务战略阶段及其特点见表2-2。

表2-2　服务战略阶段

项目	竞争阶段			
	坐等服务	上门服务	优势服务	世界级服务
主要特点	顾客不得已光顾，运营只是一种反映	顾客被动接受，运营平庸，没有激情	顾客根据声誉选择企业，企业自行优化运营系统	不仅满足顾客要求，而且提供竞争对手能力以外的服务
服务质量	处于次要地位	部分满足顾客要求	超过顾客需要	提高顾客期望值
新技术应用	只在危及企业生存时才采用	只在可以减少成本时才采用	当承诺提高服务质量时才采用	被认为是超过竞争者的根源
员工管理	消极约束	按工作需要约束	允许双向选择	培养创新精神
现场管理	监督控制工人	控制工序	倾听顾客意见	引导工人改进工作

第三节 生产运营战略的类型

关于生产运营战略的类型，分析角度不同，分类的结果也就不同。有人分为产品集中战略和工艺集中战略两类；也有人分为产品模仿生产战略和产品创新生产运营战略两类。本节将生产运营战略分为生产率战略、响应性战略及两者的混合战略三类。

在生产运营系统的功能目标上，成本是生产率水平的反映，创新、弹性和交货期从不同侧面揭示响应性程度。大批量生产时生产运营系统在成本上表现优异，小批生产时生产运营系统在创新、弹性和交货期上表现良好，而CIMS、JIT生产运营系统被公认在成本、创新、弹性、交货期等各方面均表现优秀。这为不同生产运营系统战略选择合适的生产运营系统提供了明确的答案。除此之外，生产运营战略还必须研究如何引入和应用生产运营系统创造条件、提供保证的有关问题。

一、生产率战略

生产率战略的实质在于不断追求生产运营系统的规模经济性，即单位产品成本随生产运营系统规模的增加而下降的技术经济特性，故生产率战略一般对应于大批量生产运营系统。该系统采用高效率的专用设备和专用工艺装备，按对象专业化原则进行布置，以生产线和流水线的形式组织生产运营，从而提高了工作的专业化程度，保证了生产运营效率。由于只有当生产运营系统加工的产品具有大量、稳定的需求时，大批量生产运营系统才能有效地发挥作用，因此，努力创造条件，使产品在较长时期有大量、稳定的需求是必要的。

生产运营集中就是一种行之有效的生产率战略形式，即企业针对特定的较窄范围的目标市场，集中生产运营某一种产品或产品的某一部分，以减少品种和工艺的多样化。学习曲线效应表明，企业生产某种产品的累计产量每增加一倍，其单位直接生产成本将下降一定的百分比。累计产量越大，单位直接成本按此百分比下降越多。这是因为生产运营集中后，企业的工艺技术、设备、辅助支持系统等可以更加有针对性地为有限的生产运营目标服务，从而能够提高效率和质量，降低成本。

此外，选择的产品应处于成长期，市场预测前景比较乐观，而且标准化程度较高。如果企业的产品具有竞争对手难以模仿的独到功能，或者企业拥有生产产品的专利技术或技术诀窍，或者企业拥有生产产品的特殊物质资源的专有权，都将大大削弱企业面临的竞争强度，降低企业采用集中的风险。

二、响应性战略

响应性战略的实质在于追求特色和差异，一般对应于单件小批生产运营系统。该系统采用通用设备和工艺装备，按工艺专业化原则进行设备布置，从而能适应顾客不同要求的产品生产运营。在这里，提高单件小批生产运营系统适应外部环境变化的能力是问题的关键所在，具体可考虑以下途径。

（一）实行产品多样化

指企业产品线的宽度和深度范围较大，即同时进行多产品生产运营，从而能更好地满足不同顾客的需求。产品多样化必须以企业卓越的市场调研能力和强大的研究开发、引进创新能力为基础条件。只有这样，企业才能紧随、甚至超前于市场的变化，不断进行产品创新，开发生产出各种新型产品。当然，产品多样化也应有企业自身的特色，以顾客首肯为评价标准，不能片面地为了多样化而多样化。

（二）建立与顾客密切接触和沟通的机制

和顾客接触程度高，是服务性运营的特点之一。实际上，与顾客密切接触和沟通是响应性战略的重要组成部分，因此，也应该是包括制造性生产在内的所有生产运营的努力方向之一。通过加强与顾客的接触和沟通，可以更清楚地认识和理解顾客的需要，指导企业调整自己的决策，最终能更好地满足顾客需要。例如，进行新产品开发时，“顾客也是创新者”，将顾客作为产品创新设想的重要来源；顾客直接参与产品图纸的设计；由顾客对试制出的产品进行评价；加强售后产品的跟踪和维修服务等。

（三）选择较高的生产运营能力

适应不同产量需求变化、按时交货、快速交货也是响应的重要内容，意味着要求生产运营系统具备按时完成不同任务量的能力，以及应尽量减少产品的研究开发时间、加工时间和交货时间。一般而言，生产运营任务产量总是处在变化之中的，有时达到高峰，有时位于低谷，有时处于两者之间，而生产运营能力不可能随时随地进行调整，从而使生产运营能力和生产运营任务需求之间呈现绝对的不平衡。显然，如果按照生产运营任务需求的平均值或低谷值确定生产运营水平，尽管可提高生产设施的利用率，降低成本，但当出现生产运营任务需求高峰时，企业只能延长产品交货期或拒不接受部分订货，将导致生产运营系统的响应性变差，而选择较高的生产运营能力水平能很好地解决这一问题。

这样的生产运营系统出现富裕的生产运营能力时，一方面可用来生产运营库存产品，起缓冲作用；另一方面也可有计划地进行来料加工或对外转让。

三、混合战略

混合战略的目标是为了同时提高生产运营系统的生产率和响应性，所对应的生产运营系统为世界制造系统，CIMS、JIT为其代表。

世界级制造系统是个相对的概念，满足下列属性：第一，是本行业中，至少在某一方面，属于最强有力的竞争者，能比其他对手具有更迅速的增长和更丰厚的利润；第二，其产品无论在性能、功能或竞争优势、受信赖程度等方面都具有一流水平，并能够对市场的条件变化做出最灵敏、有效的反应；第三，能够吸引、保持、并造就本行业中最杰出的人员，因此能够吸收、应用、并创造新的生产运营与管理技术，乃至观念、思想。世界级制造系统的核心是顾客和质量，并通过绩效评定、制造战略、生产运营技术、组织系统、人力资源、管理方法和制造能力等七个要素的动态运转，实现系统的自我完善。其中，生产运营技术主要由先进制造技术（Advanced Manufacturing Technology，AMT）构成。

第四节　生产运营能力战略的内容和方法

生产运营能力战略是对生产运营能力进行规划和长期安排，必须结合市场需求和企业实力统筹考虑。企业没有必要一味地提高生产运营能力，可以采用先进的管理达到所需的运营能力。另外也要注意产业的发展和竞争。

一、生产运营能力决策的程序

生产运营能力决策必须遵守以下程序：

（1）估测未来的生产运营能力需求。从市场和未来方向进行分析，估算出未来的需求。

（2）识别生产运营能力供需缺口。分析企业目前的生产运营能力，客观评价企业的实力，能够达到多少生产能力，缺口是多少。

（3）开发设计生产运营能力建设和调整方案。根据分析，初步拟订方案。

（4）方案评价。进行科学评价，要有预测水平。

二、生产运营能力战略

（一）生产运营能力余力战略

100%减去生产运营能力负荷率的差值，被定义为生产运营能力余力。它主要用来说明生产运营系统留有的生产运营能力余地，直接揭示生产运营能力的弹性程度。

具体决策时，应认真研究以下几个方面因素的综合影响：

（1）企业战略。

（2）市场需求的不确定性。

（3）企业的技术经济特点。

（4）资源供应状况。

（二）生产运营能力扩大的时机与规模战略

1.扩张主义者战略

规模经济和学习效应特别明显时，企业可通过这种战略有效地降低成本，在产品价格和交货期上获得突出的竞争优势。企业将扩张主义者战略作为先发制人、抢先占领市场的一种手段。

2. 等看战略

这种战略一般总是会导致存在一定的生产运营能力需求缺口，需要依靠加班、雇用临时工、工作转换等短期调整措施来弥补。

3. 跟随战略

这是介于上述两种战略之间的一种战略，指企业生产运营能力跟随其他企业生产运营能力的扩大而扩大。它意味着当其他企业扩大生产运营能力的决策正确时，跟随企业的决策也同样正确，但没有一个企业可从中获得竞争优势：当其他企业决策错误时，跟随企业也同样错误，但所有企业要共同分担决策失误造成的损失。

三、服务能力战略

服务企业的生产运营能力，通常称之为服务能力。服务能力战略，实际上研究的就是服务企业的生产运营能力战略的选择。

以下是常见的几种服务需求均衡战略：

（1）维持一个固定的服务时刻表，如银行的开门闭门时间。

（2）采用预约制度，如银行的大额取款。

（3）推迟交付。

（4）在非需求高峰时提供经济优惠。

四、生产运营能力决策的分析方法

（一）盈亏平衡分析

（1）生产运营能力规模的选择。盈亏平衡点对生产运营能力规模的选择是一个非常重要的参考标准。所谓盈亏平衡点，是指企业盈利与亏损的分界点，即通常所说的保本点。一般地，当产品的产量小于盈亏平衡点产量Q时，企业处于亏损状态；当产品的产量大于盈亏平衡点产量Q时，企业处于盈利状态，而且企业的盈利随着实际产量高出盈亏平衡点产量Q的增大而增大。显然，企业选择的生产运营能力规模必须高出盈亏平衡点产量Q，这样才能为企业实际的产销量高出盈亏平衡点产量提供必要的空间，为企业盈利创造条件。

（2）不同生产运营能力规模方案的对比分析。生产运营能力规模选择是和生产运营系统的设计工作密切联系在一起的。为了获得理想的经济效益，生产运营系统设计需要考虑采用不同的生产运营工艺和设备的技术方案来实现不同的生产运营能力规模。

（二）决策树法

决策树方法可以有效地帮助解决生产运营能力决策问题。例如，企业拟规划建厂生产新产品，由于市场需求具有很大的不确定性，故新产品上市后存在既可能销路好，也可能销路差的情况。

决策树是确定生产能力方案的一条捷径：决策树不仅可以帮助人们理

解问题，还可以帮助人们解决问题。决策树是一种通过图示罗列解题的有关步骤以及各个步骤发生的条件与结果的一种方法。

决策树是由决策结点、机会结点与结点间的分枝连线组成。通常，人们用方框表示决策结点，用圆圈表示机会结点，从决策结点引出的分枝连线表示决策者可做出的选择，从机会结点引出的分枝连线表示机会结点所示事件发生的概率。

在利用决策树解题时，应从决策树末端起，从后向前，步步推进到决策树的始端。在向前推进的过程中，应在每一阶段计算事件发生的期望值。需特别注意，如果决策树处理问题的计划期较长，计算时应考虑资金的时间价值。

计算完毕后，开始对决策树进行剪枝，在每个决策结点删去除了最高期望值以外的其他所有分枝，最后步步推进到第一个决策结点，这时就找到了问题的最佳方案。

第三章　现代企业生产运营系统设计

现代企业生产运营系统设计是让现代企业的生产运营系统工作起来的首要前提，其内容包含多个方面，本章将从产品和服务设计、流程分析与生产能力设计、工作设计和工艺过程设计三个方面进行说明。

第一节　产品和服务设计

一、新产品的发展方向及其开发的内外部环境背景

（一）新产品开发概述

1. 新产品的概念及分类

（1）新产品的概念。新产品是一个相对概念，是相对于老产品而言在原理、结构、材料、技术、用途、性能等某一方面或某几方面具有新的改进或新的创造的产品。

（2）新产品的分类。

1）按地域范围的不同，新产品可分为全球性新产品、国内新产品、省市范围内新产品、企业新产品等。

2）按技术特性的不同，新产品可分为全新性产品、换代性产品、改进性产品、仿制性产品等。

3）按技术开发方式的不同，新产品可分为独立研制的新产品、技术引进的新产品、联合开发的新产品等。

4）按开发的决策主体的不同，新产品可分为企业自主开发的新产品和

用户委托开发的新产品。

5）按市场方向的不同，新产品可分为目标市场再定位的新产品，降低成本的经济型新产品，以提高性能为主的新产品，具有全新功能的新产品，高级、豪华型新产品等。

2. 新产品开发的重要性和原则

（1）新产品开发的重要性。新产品开发非常重要，它直接关系到企业的生存和发展。产品是企业盈利的资本，有了盈利，企业才能生存和发展；在激烈竞争的市场环境下，企业要靠新产品去占领市场，赢得一席之地；企业只有开发新产品，才能形成差异化和个性化优势而领先于其他企业，使企业在市场中巩固强势地位；企业靠新产品开发来不断推动其技术创新，保持企业的生机和活力，使企业得以健康发展。同时，新产品能使企业不断树立新的企业形象，赢得市场的拥戴，并能在客观上推动社会物质文明、经济的进步，体现时代潮流的发展。

（2）新产品开发的原则。新产品开发的原则主要包括：

1）坚持以市场为导向，不断满足社会需求。这是新产品开发最基本的原则，是新产品开发的出发点和归宿，离开了这一原则，开发新产品就是空谈。

2）突出技术特点，发挥技术优势，使新技术成为新产品的生命线。

3）讲求经济效益，开发新产品的目的是使企业具有好的经济效益，要按市场规律办事。

4）保持持续开发的原则，使新产品开发健康、持续进行，而不是一锤子买卖，权宜之计。

3. 新产品开发的程序

新产品开发的程序如图3–1所示。

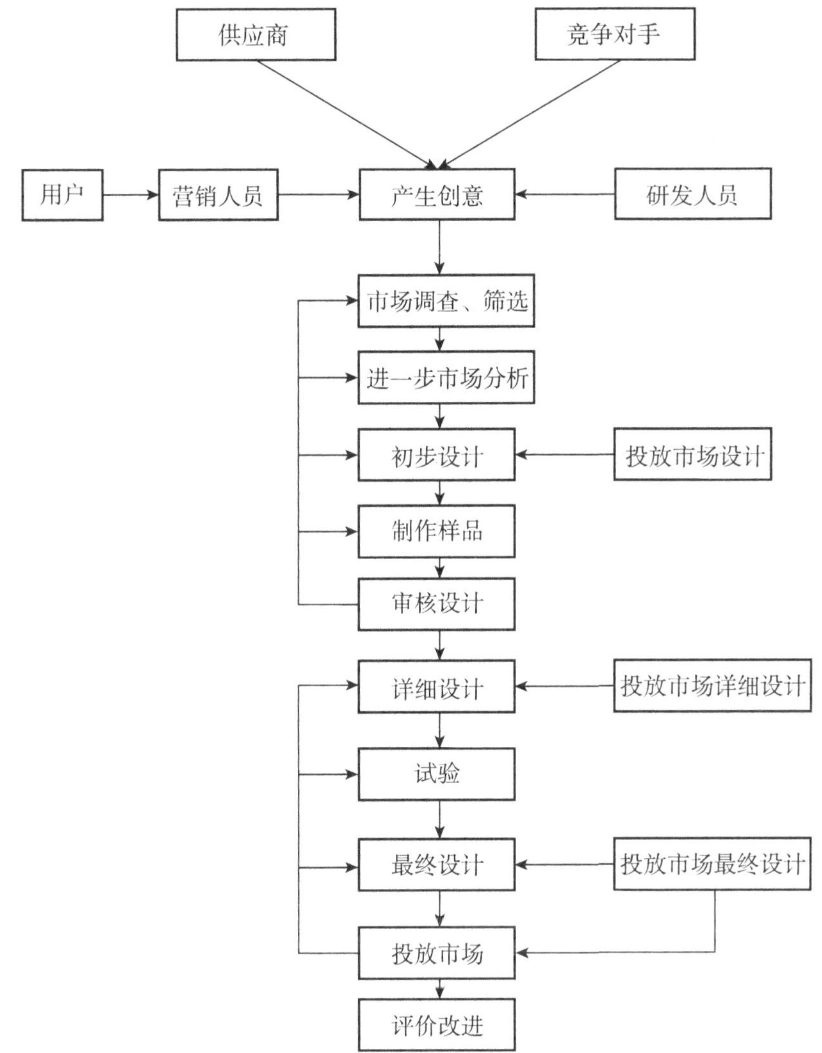

图3-1　新产品开发程序

图3-1表明了新产品开发的基本程序，从大的方面看，首先是多方位、多层面收集相关信息，然后形成新产品创意并结合市场和企业的实际进行分析，提出初步设计，再制作样品或小批试制。在此基础上进行详细设计，生产并正式投放市场。在这一过程中，必须十分重视投放市场的设计工作，主要包括产品投放市场的合法性及对市场投放的切入点、布局、宣传等。

（二）新产品开发的内外部环境背景

一个企业赖以生存和发展的基础就是产品，企业生产什么样的产品或提供什么样的服务关系到企业中的一切活动。新产品开发是企业应用和移植国内外科研成果，创造性地研制新产品的一种活动。在全球性竞争环境中，企业可以通过出色的产品或服务设计来提高自己的竞争能力。

近年来，国外新产品开发发展很迅速，其原因大概可归纳为如下几个方面：

（1）消费者对新产品的需求是新产品开发的动力源泉。

（2）科技进步和发展的客观现象是新产品开发。

（3）科研试验的丰硕成果为发展新产品提供了条件。现代工业和生产技术的发展在很大程度上依赖于科研试验的成果，而科研成果的工业化过程就是新产品、新工艺产生的过程。

（4）日益更新的科学技术为新产品的设计开发提供了高效率的手段和方法。随着计算机信息技术的发展和应用深化，如计算机辅助设计（CAD）极大地增强了技术数据和信息的处理能力，不仅使得产品设计采用最佳技术和多方案选择成为可能，而且可以帮助企业更快地设计出优质廉价的新产品。利用CAD开发新产品的巨大效果具体表现在以下几个方面：

1）缩短产品的设计周期。据有关资料证明，过去完成一个大型锅炉的设计需要10个人工作一年，而现在采用CAD则时间缩短为两个月。

2）能完成一些用传统设计方法难以实现的设计任务。

3）能显著提高产品的可靠性程度。

4）有可能使生产前的技术准备工作的全过程实现自动化。

5）专业化协作生产促进了新产品的发展。从生产组织方面来看，专业化协作的主要作用在于，由于有了专业化的零部件，生产厂家就可以独立地进行零部件的研究和开发工作，可为整机厂提供高水平、高质量的零部件，使整机厂能够集中精力于新产品整机系统的改进和发展。否则，势必延长设计试制周期，减慢新产品开发速度，新产品的质量和可靠性也难以保证。

6）“三化”（即系列化、通用化、标准化）对开发新产品具有促进作用。

7）在新产品开发的各项管理工作中，由于采取了科学的组织管理方法，特别是采取了项目管理的有关方法，如“计划评审技术”（PERT）和“关键线路法”（CPM），使得关键活动得到有效控制，工作效率得到提高。通过各个工作部门和各个环节的有效配合和协作，才能缩短研制周期，降低研制费用。

8）国际市场的激烈竞争促使工业发达国家的企业努力开发新产品。中华人民共和国成立以来，我国企业在发展新产品方面取得了很大成就，能够生产许多高、精、尖的产品；改革开放以后，很多企业通过引进发达国家的技术，进行消化吸收，从而不断提高自身的新产品设计和生产能力，提高了企业的竞争能力。然而应当看到，中国现有的技术水平与世界先进国家仍有较大差距，在开发先进的新产品方面也存在差距。这种差距不仅表现在产品质量方面，还表现在新产品原创性不高、开发周期过长等方面。此外，有些新产品开发处于无序管理状态，重复研制和重复引进造成资源浪费现象时常可见。所以，搞好新产品的研发工作对我国企业的发展至关重要。

二、产品生命周期与新产品开发策略

产品生命周期是指一种产品从诞生到退出市场为止所延续的时间跨度。它可以划分为四个阶段，即引入期、增长期、成熟期和衰退期。如图3-2所示，说明了在产品生命周期中研发与生产费用、销售额和利润三种曲线的关系。不同产品的生命周期相差很大，有的只有几个小时（如报纸），有的为数月（如时装），而有的则为数年（如VCD播放机）。无论产品生命周期的长短，掌握产品生命周期的特点，定期评价企业产品或服务在其生命周期所处阶段，及时调整企业生产经营策略，适时引入新产品，做好新老产品的更新换代，对企业发展都极具战略意义。

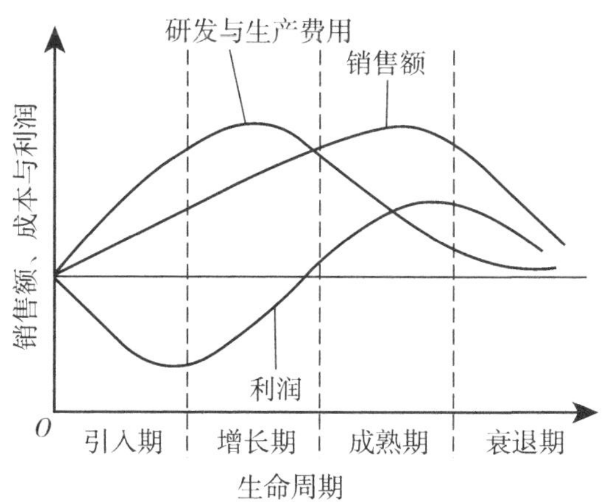

图3-2 产品生命周期中研发与生产费用、销售额和利润三种曲线的关系

（一）产品生命周期的各个阶段的特点

在引入期，产品尽管经过了设计过程，但性能、结构和工艺尚未最后定型，如当VCD播放机刚进入市场时，公众对这种产品的性能期望不很明确。企业可采取小批量试产试销，通过调研来搜集市场对新产品的反应，再根据反馈信息对产品进行改进和优化，选定最适合的生产制造技术，对生产过程进行调整和完善，并注意与供应商协作关系的发展。

在增长期，产品设计已基本稳定，产品逐渐被市场接受，生产系统应加强对市场的预测，努力使生产能力适应需求的增长，不断扩大生产批量，提高规模经济效益。

在成熟期，由于市场需求的增长，使开发生产类似产品的竞争者增加，企业生产经营的策略应在于努力提高生产效率，及时改进和调整产品线结构，提高产品质量，加强成本控制，降低材料和能源消耗，缩短制造周期。

在衰退期，由于产品过时，市场萎缩，导致企业利润下降，对这种产品企业应逐渐减产或终止生产，转向新产品的开发和生产。

（二）公司选择进入–退出策略

进入–退出策略是对企业在一种产品生命周期的不同阶段何时进入及何时退出市场的选择，具体的三种策略如图3–3所示。

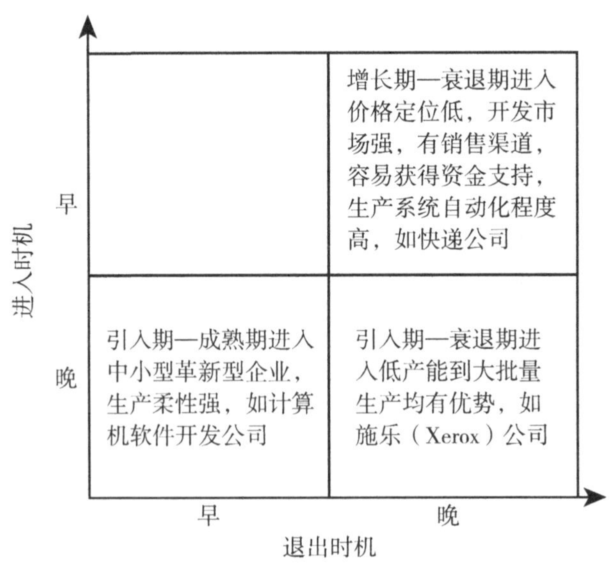

图3–3 产品研发过程中公司选择进入–退出策略

1. 早进入和晚退出（引入期—衰退期进入）

采取这种生产经营策略的企业能够将低产量的柔性生产系统转化成大批量低成本的生产系统，多年的经验使企业具有生产高质量、低成本产品的先进水平。例如，美国施乐公司是最早开发出复印设备的厂家，它现在仍然是开发和生产这类产品的主要厂家。

2. 早进入和早退出（引入期—成熟期进入）

这种策略适合一些中小型产品革新型企业，这些企业能够设计适应小批量生产的柔性生产系统，可较快地改变产品品种。例如，有些计算机软件开发公司在一种软件市场还很好的情况下就开始新软件的开发。

3. 晚进入和晚退出（增长期—衰退期进入）

采取这种策略的企业等到发现市场具有较高需求潜力后才进入市场。企业的价格定位较低，具有开发更大市场的能力，能够建立高效的销售渠道，并能获得所需资金的来源，它们进入市场主要依靠拥有较高的自动化程度或效率更高的生产系统。例如，美国UPS快递公司送达速度逊于美国联邦快递（FedEx）公司，UPS效仿联邦快递也推出了夜间快递的服务，为此斥资15亿美元用于改进内部系统。UPS的邮件可在次日上午10：30之前投递到美国大多数地区，并对大宗邮件给予折扣，这些业绩均优于联邦快递。又如，近年我国连锁超市发展迅速，外国零售巨头看好中国这一巨大市场，依靠其雄厚的经济实力和丰富经验来华建店，而我国零售企业无论在资金、管理经验还是在规模上都很难与外国企业进行竞争。

（三）新产品开发策略

科学有效的新产品开发策略是成功开发新产品的前提条件之一。在制定新产品开发策略时，不仅应借鉴科技发展史以及产品发展史上的宝贵经验，分析、预测技术发展和市场需求的变化，还应做到“知己知彼”，即不仅知道本企业的技术力量、生产能力、销售能力、资金能力以及本企业的经营目标和战略，而且应知道竞争对手的相应情况。制定新产品开发策略时应着重考虑以下要点。

1. 满足消费者需求

满足消费者需求是新产品的基本功能，所以消费者需求分析是新产品开发前的重要环节。消费者需求可分为现实需求和潜在需求，即对市场上已有产品的需求和市场还没有出现的产品的需求。制定新产品开发策略，既要重视市场的现实需求，更要洞察市场的潜在需求。公司生产满足消费者现实需求的产品是在红海市场上与竞争对手竞争，市场竞争白热化，通常产品的盈利水平不高且竞争激烈；而公司开发消费者潜在需求的产品是在蓝海市场上自由遨游，产品上市时间短且竞争对手少，市场竞争不激烈，公司获利较为丰厚，这是公司应该重点关注的市场，同时也对公司的研发能力提出了更高的要求。

2. 挖掘产品功能

所谓挖掘产品功能，就是赋予老产品以新的功能和新的用途。例如，调光台灯的出现就是一个很好的例子。台灯本来的功能是照明，但调光台灯不仅能照明，还可以起到保护视力和节电的作用，所以一上市就大受欢迎。近年来还出现了一种既可调光又可测光的台灯，能将光线调整到保护视力的最佳范围，这可以说是对调光台灯功能的进一步挖掘。

3. 提高新产品竞争力

新产品在市场上的竞争力除了取决于产品的质量、功能以及市场的客观需求外，也可采取一些其他策略来提高新产品的竞争力。例如，抢先策略，在其他企业还未开发成功或未投入市场之前，抢先把新产品投入市场。采用这种策略要求企业有相当的开发能力以及生产能力，并达到相应的新产品开发管理水平和生产管理水平。紧跟策略，即企业发现市场上出现有竞争能力的产品时，就不失时机地进行仿制，并迅速投入市场。一些中小企业常采用这种策略，这种策略要求企业有较强的应变能力和高效率的开发组织。最低成本策略，即采取降低产品成本的方法来扩大产品的销售市场，“以价廉取胜”。采取这种策略要求企业具有较高的生产技术开发能力和较高的劳动生产率。

提高新产品竞争力显然对公司运营管理的维度提出了更高的要求，这些维度体现在公司提供新产品的速度、质量、柔性和成本等方面中。

三、新产品开发设计阶段和设计方法

（一）新产品开发设计阶段

新产品开发设计阶段要选定该产品使用的材料，确定产品尺寸、公差和外形，设定性能标准。新产品开发设计包括以下几个阶段：创意阶段、可行性研究阶段、初步设计阶段、技术设计和生产过程规划阶段以及最终设计阶段，如图3-4所示。

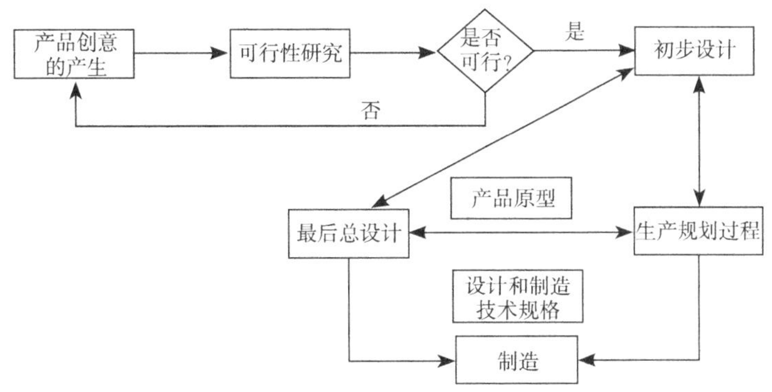

图3-4　新产品开发设计过程

1. 创意阶段

创意是新产品诞生的开始，是企业从消费者需求和自身条件出发，在一定范围内提出新产品的设想和构思。促使企业产生新产品创意的动因，包括社会环境的变化、经济条件的变化、科学技术的发展和政治形势的变化等，新产品概念的来源主要有以下几个方面。

（1）供应商、销售商、销售人员和公司内部人员。

（2）商业杂志、政府报告、其他有关出版物和专利。

（3）售后服务记录、用户意见、故障分析。

（4）消费者调查、小组访谈和采访。

（5）现场试验或试用。

（6）研究与开发部门。

（7）同行业竞争对手。

关注竞争对手的发展动向是新产品概念的一个来源，企业可以用标杆对比（Bench marking）的方法，通过与竞争对手比较而发现新产品概念。标杆对比是用于产品研发和企业管理方面的一种管理方法，是美国施乐公司在20世纪70年代学习日本同行时首创的管理方法。它是指一个企业将行业内或跨行业的、在某些方面业绩最优秀的企业的产品和生产过程的水平作为自己赶超和学习的目标，通过比较发现差距，学习成功经验和本企业还没有采用的好技术和方法等，转变观念，促进变化，使本企业不断发展。成功的比较基准可以给企业带来产品或服务和生产上的大量改进。例如，麦当劳快餐的干净便捷、UPS快递的服务、国内一汽大众的开发能力等，都是我国相关企业学习和比较的基准。

标杆对比过程通常包括以下步骤。

（1）明确比较基准的内容。在进行比较基准项目时，需要注意的是比较对象不限于一个企业，可以在不同环节选择不同的企业。表3-1所示是美国通用汽车公司（GM）与世界上的优秀企业的比较情况。比较领域不仅限于制造工序或服务作业，企业的任何职能都可以进行横向对比。

（2）组成比较基准项目小组。该小组应有产品设计和生产过程改进的有关人员参加，并且该小组应得到上层管理者的重视。

（3）确定比较基准对象。选择本企业所确定的比较内容方面业绩最出色的企业。

（4）搜集和分析比较基准信息，找出差距。

（5）确定目标和所需采取的行动，达到和超过比较对象的业绩。

表3-1　美国通用汽车公司（GM）的比较基准研究

项目	GM	世界上的优秀企业	
		优秀企业用时	优秀企业名称
每辆车的组装工时/h	30.1	9	福特
每辆车的残次数/个	3.1	1.0	丰田
每辆车的保修成本/美元	250	170	丰田
第一次喷漆合格率/%	75	90	铃木
产品开发周期/月	60	30	本田
订货回复时间/天	10	2	丰田
冲模变换时间/min	60	10	本田
JIT系统外购件比重/%	5	70	Nummi（丰田与通用的合资公司）
带螺件的部件数/个	700	300	Nummi（丰田与通用的合资公司）
每辆车的螺件数/个	2000	1400	丰田

2. 可行性研究阶段

通过设计过程第一阶段的调研，识别了消费者的需求，产生了产品的概念，但这不等于这些概念就一定可以转化为产品，还必须对产品创意进行筛选。统计信息表明，全世界每年大约有2.5万个新产品概念，只有13%的创意可以通过筛选，而最终只有不到2%的产品创意可以实现商业化。可行性研究是通过对新产品的市场、经济、技术和战略展开分析，完成对产品概念的筛选过程，主要包括以下原则。

（1）市场原则。对市场规模、竞争环境、创意的专利状态、市场需求、售后服务和已有分销渠道的状况等方面进行分析，即设计一种产品的必要性。

（2）生产技术原则。对生产技术和工艺的可行性、与企业现有生产过程的兼容性、人力和设备的需求、设施区位情况和供应商状况等方面进行分析，即制造一种产品的可能性。

（3）财务原则。对投资的资金需求、风险程度、收益预测、预期边际利润、预期产品生命周期等方面进行分析，即生产一种产品的经济合理性。

以20世纪90年代初期一汽大众捷达轿车的选择过程为例，一汽大众的战略目标是要规模上的大批量和技术上的高水平。在引进车型时，面临捷达和高尔夫两种车型的选型决策，发动机排气量有1.0L、1.4L和1.6L的选择，还面临是否安装空调和四挡还是五挡变速器的决策问题。为了保证产品将来有较大的市场，经过分析，一汽大众认为：三厢式轿车符合中国人的审美观；中国道路总体水平低，灰尘大，城市道路拥挤，车速低，又不宜开窗，必然要用空调，1.6L排量有发展潜力，有足够的动力带动空调；五挡变速器可以降低发动机转速、噪声和油耗。最后一汽大众决策将有空调装置的1.6L发动机搭载五挡变速器的三厢式轿车作为捷达轿车产品的开发方向。

3. 初步设计阶段

初步设计通常是为下一步技术设计作准备，它包括以下内容。

（1）画出产品形状和结构草图。

（2）将消费者对产品性能概括性的要求定义成产品的技术规格，确定产品各组成部件及结构方式。

（3）工程技术人员设计样品。

（4）样品试验，如汽车的撞击试验。

（5）对样品进行必要的修改，然后重新进行试验。

（6）生产管理人员对产品生产的技术性能、生产工艺、生产过程和材料需求做出鉴定。

（7）对初步设计的不同方案做出分析和经济评价，选择其中的最佳方案。

在这一阶段中，产品的两个性能，即产品的可靠性和可维护性要在设计中给予充分考虑。

（1）可靠性，是指在正常使用条件下，产品或部件在规定的时间内能够完成规定性能的概率。下面是两种类型的可靠性概率的计算：

1）单次使用的可靠性。一个产品或一个系统的可靠性取决于组成这个产品或系统的部件的构成形式。如果产品能正常工作的前提条件是所有部件都正常工作，则产品正常工作的概率（可靠性）可以用下面公式计算：

P（产品可靠工作）=P（部件1工作）P（部件2工作）…P（部件n工作）

【例3-1】某产品由两个部件组成，部件的可靠性分别为0.98和0.99，产品能正常工作的概率为0.98×0.99=0.97，这种部件组成的结构称为串行结构，如图3-5（a）所示。

如果某些部件是关键部件，它们出现故障会使整个产品或系统出现严重后果，如汽车的刹车系统，对这些部件可以采用并行后备部件的方法，以提高可靠性。例如，对上面第二个部件增加一个后备部件，这两个部件正常工作的概率是1-(1-0.99)×(1-0.99) =0.9999，产品的可靠性可提高到0.98×0.9999=0.9799。含有后备部件的结构称为并行结构，如图3-5（b）所示。

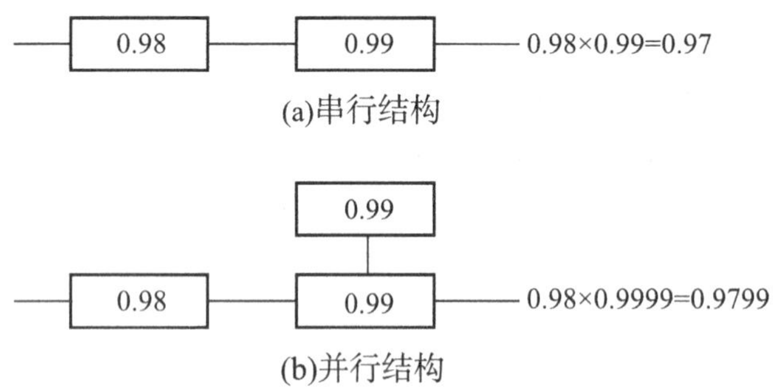

图3-5 产品可靠性分析

2）在规定时期内正常工作的可靠性。在一定时期内，产品可能因为很多原因而出现故障，如图3-6所示，产品故障比率的形态图。很多产品因为设计和生产过程质量问题，刚被使用不久就出现故障。而随着产品使用时间的增加，产品老化，出现故障的可能性也随之增加。

人们称平均产品故障比率为平均故障时间（Mean Time Between Failure，MTBF）。这是在产品性能或质量指标体系中经常见到的一个名词，企业可以根据这一指标向消费者提出有关保修的承诺，如大众汽车在中国的保修期为两年或60000km。企业应努力生产平均故障时间较大的产品，使产品有较长的正常工作时间。

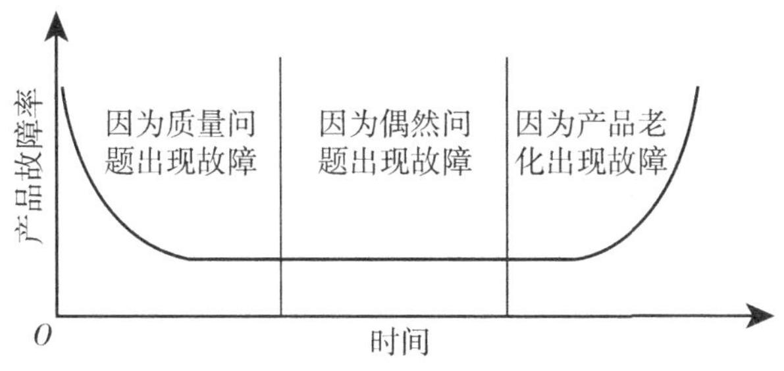

图3-6　产品发生故障比率的形态图

可靠性可以用指数分布来描述，在给定时间t内产品正常工作的概率可按下式计算：

$$P（在给定时间t前产品能正常工作）=e-t/MTBF$$

（2）可维护性，是指产品容易维护和修理的程度。改进产品可维护性的方法是在产品部件中尽量使用模块和标准件。例如，汽车是由各种模块构成的，当某一模块出现问题时，大多是通过更换模块完成修理工作的。一些关键部件在产品结构中的位置也会影响产品的可维护性。产品说明书应指导消费者如何处理一些故障，指明产品的定期保养要求，这些也是提高产品可维护性的方法。

4. 技术设计阶段

技术设计是产品的定型阶段，它是在初步设计的基础上确定新产品各个部件、组件的详细结构、尺寸及其配合关系和配合条件，计算产品的技术经济指标。技术设计的结果多以新产品的总图、部件及组件的结构装配图呈现出来，设计计算说明书（包括实验研究结果及有关数据）应该完备，装配的要求及技术条件也应得到确定。为了提高设计质量，在技术设计中必须继续做好试验研究工作，凡是在设计中采用的新结构、新技术、新工艺、新材料和新计算方法都应经过试验研究，证明可靠方可采用。

5. 工作设计和生产过程计划阶段

本阶段是产品设计的最后一步，是将产品设计转换成用于生产的指导性文件。其内容包括：

（1）绘制零件的工作图，包括详细的尺寸、公差、材料及其他技术要求。

（2）编制零部件及备件的明细表。

（3）编制原材料及外购件的明细表。

（4）编制用于生产的操作指导。

（5）选择工具和设备。
（6）编制工作描述文件。
（7）确定作业和组装顺序。
（8）编制用于控制自动化设备的程序。

（二）新产品开发的设计方法

新产品开发设计方法较多，如计算机辅助设计、成组技术、价值工程、并行工程、质量功能展开（Quality Function Deployment，QFD）等方法，下面结合实际情况简要介绍几种。

1. 计算机辅助设计

计算机辅助设计（Computer Aided Design，CAD），是由设计人员根据市场需求和用户的具体需要提出构思，由计算机对有关产品的大量资料进行检索，根据性能要求及有关数据、公式进行计算和优化，将图形显示出来，然后由设计人员利用交互式图形显示系统对设计方案或图形做必要的修改，找出最优的方案或图形，并将此结果以图形及数据形式加以输出。计算机辅助设计的主要工作由计算机来完成，如图3-7所示为计算机辅助设计的一般工作过程。

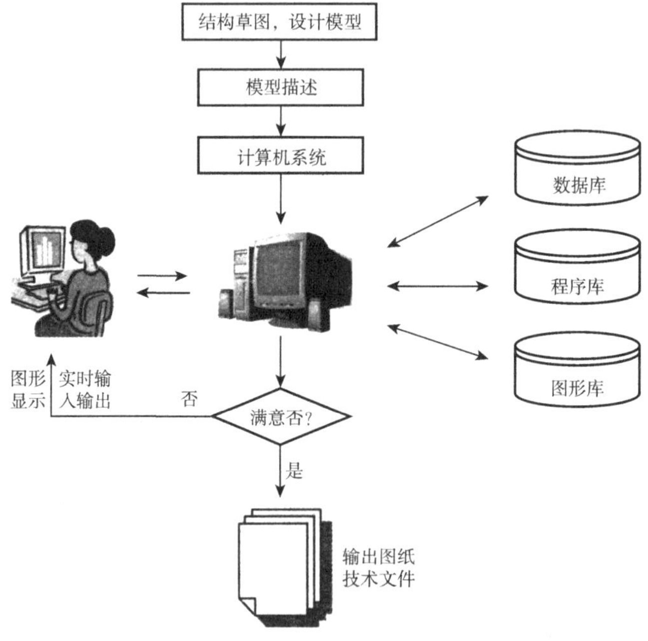

图3-7　CAD一般工作过程

应用CAD必须具备以下条件：

（1）完整的数据库。凡与企业生产产品或开发产品有关的数据、资料、标准等应事先存入计算机的存储器中，以便在设计时调出、使用。这些资料要随着时间的推移、工作的开展，不断地进行增加和删除。

（2）完备的程序库。使用CAD要将解决设计问题所需要的计算、分析方法都编制成相应的计算机程序，汇集起来，以便设计时调出使用。

（3）具备人机会话功能的交互式图形系统。这种系统是指可以利用实时输入/输出装置，如光笔图形显示器、图像记录仪、自动绘图仪等，实时输出设计图纸及有关数据，实时输入设计人员的修改、调整指令等。

2. 成组技术

成组技术（Group Technology，GT）又称群组技术，是以零件的相似性为基础，对零件进行分类编组，按组进行合理的生产技术准备和生产过程的组织和计划工作。成组技术之所以受到人们的重视，是因为它可以使多品种小批量生产得以成组组织生产，从而扩大批量，提高经济效益。

成组技术的主要内容如下：

（1）对企业所有零件，按几何形状、尺寸大小、加工工艺、精度要求、毛坯种类等进行相似性分析，并按一定的规则进行零件的分类编码，按照一定的相似性程度建立零件族、零件组。

（2）按照零件的分类编码，利用相似零件图册和设计指导资料来进行产品设计工作。这样，可以把相似性设计和标准化工作结合起来，尽量减少零件的种类和规格，增加零件结构和工艺的相似性，以便条件成熟时，建立零件设计准备自动化系统。

（3）按照成组工艺的要求改进工艺设计工作，制定零件族（组）的工艺方案和工艺规程，选择或设计制造成组加工设备、工艺装备，实现工艺要素和工艺装备的标准化。在条件具备时，建立生产工艺准备自动化系统。

（4）根据企业的生产大纲、设备数量与构成、零件族（组）的划分情况，建立成组生产单元和成组车间，制定投资规划，进行设备布置设计和工作地组织。

（5）按照成组工艺文件和成组生产单元来组织生产，制定和实施与成组技术有关的作业计划管理、劳动管理、经济核算的制度和办法。

从上述成组技术工作内容的叙述可以清楚地看到它对产品设计的作用。应用成组技术进行产品设计，可从企业曾设计、制造过的零件编码成组建立起的设计图纸和资料的检索系统中查找有关资料，将所设计的零件的结构形状、尺寸大小等转化成相应代码，然后按该代码对其所属零件组的零件设计图纸和资料进行检索，从中选择可直接采用或稍加修改便可采用的零件图纸。应用成组技术于产品设计的过程如图3-8所示。

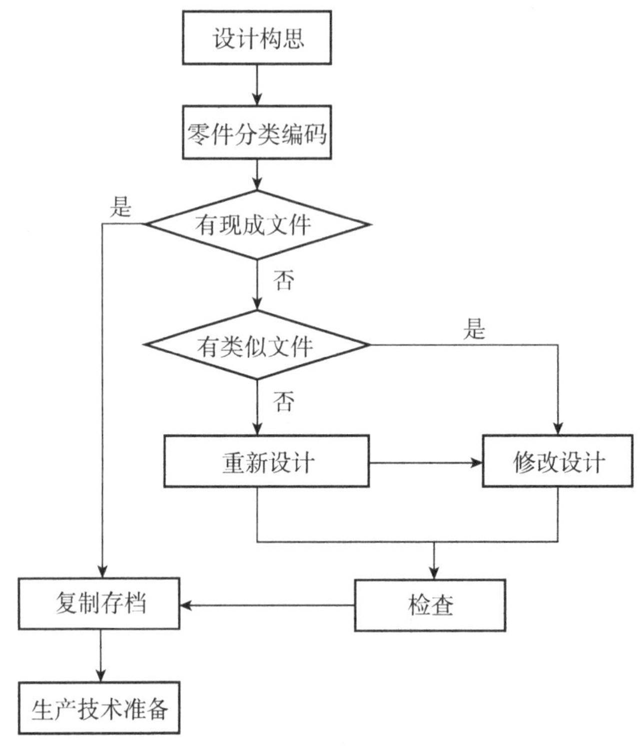

图3-8　成组技术在产品设计中的应用过程

3. 模块化设计

模块化设计是以企业的标准件、通用件以及以往生产过的零、部件为基础，以组合方式或以堆积木的形式来设计产品。在当今市场经济条件下，企业面临日益严峻的竞争，仅仅生产一种产品的企业是很难生存的。因此，大多数企业实行“哑铃式”战略，进行产品多样化生产，使产品设计强度加大。这里，模块化设计不失为一种敏捷、低成本的设计方法。

4. 内插式设计

内插式设计是一种介于原有两种产品规格之间的产品设计方法，是凭生产经验加实验研究结合起来的设计方法。只要选对适当的相邻产品，采用这种方法花费少，比较省力。

5. 外推式设计

外推式设计是在现有产品的基础上，利用生产经验，将实践和技术知识外推，设计出新的产品。这种设计方法的工作量和工作难度较大，要有所创新才能提高产品的竞争力。

6. 计算机辅助工艺过程设计

计算机辅助工艺过程设计是在工艺过程设计中使用计算机以提高设计的标准化、自动化的技术。它把产品的设计信息和企业的生产数据都输入计算机中，使系统产生适用的工艺规程。从结构上看，计算机辅助工艺过程设计大体包括3种基本形式：

（1）检索式或派生式。这种形式应用成组技术的原理，对现有零件进行编码、分类，按照工艺相似性组成不同的零件族（组），然后为每一族（组）编制一份族（组）内所有零件通用的标准工艺规程，将标准工艺规程存入计算机中。在编制新的零件工艺时，首先将新零件编码，依据编码找到它所归属的零件族（组）并检索出该零件族（组）对应的标准工艺规程，再由工艺设计人员按照该零件的设计要求对原标准工艺规程做必要的调整，就得到了该零件的工艺规程。这种方式开发起来比较容易、实用，不过由于工作量大，创新性不够。

（2）创成式。它与检索式完全不同，是根据零件的几何、物理特征以及现在具备的生产工艺手段、综合技术性等因素，根据一系列的加工制造决策逻辑，自动地从有关数据库中得到信息，在不需人工干预、调整的情况下，得出新零件的工艺规程。这是一种理想的方式，不过由于实施起来困难很大，人们正在积极探索。

（3）混合式或半创成式，是对上述两种方式的折中。计算机根据零件的形状及加工要素等一系列原始设计信息进行逻辑判断，依据由已有零件分类归组之后总结出来的典型的优化工艺路线及典型的优化工艺手段编辑成一个新零件的工艺规程。它吸取了两种方式的优点，做起来又较容易。这种方式是目前进行计算机辅助工艺过程设计的主要形式。

将计算机辅助设计、计算机辅助工艺过程设计、计算机辅助制造、计算机辅助工程及计算机辅助生产管理等结合起来，能够为计算机集成制造系统的实现创造良好的条件。

7. 应用价值工程优化产品设计

价值工程（Value Engineering，VE）是通过对研究对象的功能

（Function）、成本（Cost）加以分析，寻求用最经济的寿命周期费用实现产品必要功能的有组织的活动。价值工程中所指的价值（V）是功能（F）与成本（C）的比值，即：

$$价值（V）=\frac{功能（F）}{成本（C）}$$

这里的功能是指能满足用户需要的必要功能，成本是指用户为取得功能所支付的全部费用，包括购置费和使用费。衡量价值的大小主要是看功能与成本的比值如何。应用价值工程的目的是努力使产品物美价廉。

价值工程的特征如下：

（1）以功能分析为核心。功能分析是价值工程独有的研究方法。通过功能分析，恰如其分地确定产品的必要功能，并寻求实现必要功能的最经济手段和方法。

（2）以不断创新为手段。价值工程的实质是“推陈出新”，否定原有的产品设计，打破原有的功能系统，综合运用各种创新技巧，改进老产品，开发新产品。

（3）以集团智慧为动力。运用价值工程改进和开发新产品时，强调依靠集体的智慧，群策群力，集思广益，以开发出更新的产品方案。

（4）以提高产品价值为目的。国外统计资料表明，在产品设计中，不必要的功能往往占30%左右，也就是说，有30%的成本是耗用在不必要的功能上，造成了极大的浪费。而价值工程就是要消除这种浪费，通过功能分析，去掉多余、过期及不必要的功能，从而降低产品成本，提高产品价值。

（5）以定量分析为根本方法。价值工程活动从确定对象开始，到功能评价、成本计量、新方案形成及实施，直至成果评价全过程的每一阶段，都运用量化方法，将那些无法用统计、会计资料反映，不宜用具体尺度衡量的指标进行量化，从而使对问题的论证不再停留在“好”“坏”的判断上，而是通过准确的量化进行比较和证明。

价值工程活动的过程实质上就是分析问题、发现问题和解决问题的过程。整个过程围绕8个基本问题展开：它是什么、它有什么用、它的成本是多少、它的价值是多少、是否有其他方法去实现此功能、新方案的成本是多少、新方案是否能满足要求、它的效果有多大。

从价值工程的表达式 $V=\frac{F}{C}$ 可以看出，提高产品价值的基本途径有：①功能提高，成本降低；②功能提高，成本不变；③功能不变，成本降低；④成本稍有提高，功能大大提高；⑤功能稍有下降，成本大大下降。需注意的是，价值工程不是偷工减料，产品定价应在价值工程之后，不应在价值工程之前。

在产品设计阶段，采用价值工程意义很大，因为设计阶段很大程度上决定了产品的性能和费用。一旦设计失误（成本高或功能不够），则要么长时间地承受高成本和不适应市场需求的压力，要么付出沉重的返工代价。

8. 服务蓝图

服务蓝图是服务设计的基本工具，是美国学者G. L. 斯塔克1984年提出的概念。服务蓝图是通过视觉化的手法，把划分为前台、后台的服务体系展示在服务系统每个人员的面前。

应用服务蓝图可以对服务系统做出完整、明了、准确的描述和定义，清晰表述服务提供过程的全部处理过程。此外，服务蓝图还对现行的服务进行分析检验，使问题能得以准确解决；能发现潜在问题以便及时采取措施加以预防；能分析增值效应，杜绝浪费，有利于提升顾客价值。

服务蓝图主要由顾客行为、前台员工行为、后台员工行为、支持过程等部分组成，配以联系线、可视线、互动线、失败点、顾客等待等符号形成服务流程图。图3–9为一单位服务蓝图结构图。

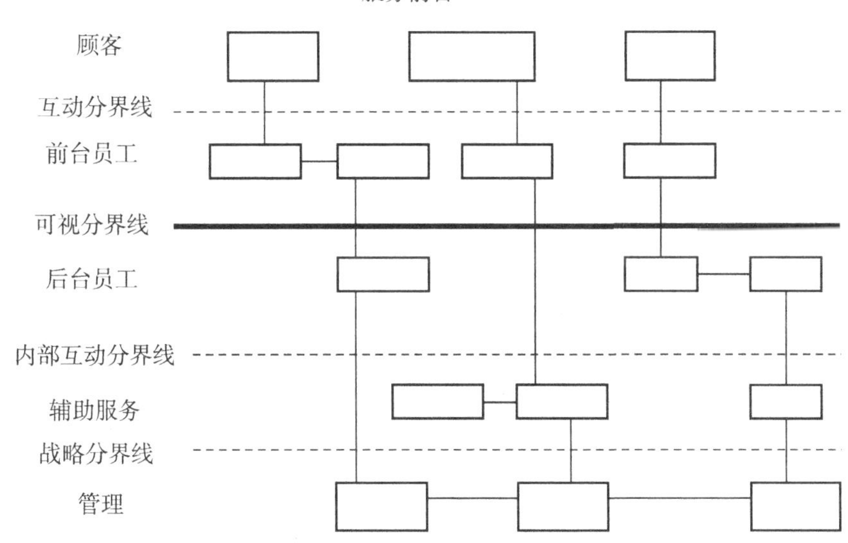

图3–9　服务蓝图结构图

顾客行为形象表述了顾客在接受服务时的步骤、选择、行动和互动。前台员工行为能明确表达顾客看得到的直接服务员工行为。后台员工行为顾客不一定看到，但它不可或缺地支持前台员工工作。支持过程实质上是在整个服务过程中支持各类员工各种内部服务、步骤、相互作用的工作。

服务蓝图的内容包括服务结构要素和服务管理要素。服务结构要素定义了服务传递系统的整体规划，包括服务台的设置、服务能力规划等。服务管理要素明确了服务接触的标准和要求，规定了准确的服务水平、绩效评估指标、服务质量要素等。以顾客需求和服务满意为中心勾画出整个服务系统。

四、新产品设计过程中的组织模式和常用的技术开发手段

（一）新产品设计过程中的组织模式

成功的新产品设计离不开科学合理的组织形式和先进的技术开发手段。实际中常用到矩阵式组织形式。

矩阵式组织结构是新产品设计过程中的常见组织架构，这种组织又称为跨职能组织，已被证明是新产品开发的成功组织模式。矩阵式新产品开发小组人员的背景十分丰富，通常由市场、制造和工程技术方面的专家构成，同时还会邀请供应商、销售商和消费者参与贡献创意，新产品开发小组甚至还会倾听来自会计、保险、环境和社会学方面的专家学者提供的建议。对高技术型企业来说，在产品设计开始时就组成跨职能的设计小组是新产品快速成功进入市场的重要条件。

例如，丰田汽车公司的汽车开发项目的组织形式实行矩阵式管理，产品设计除了技术中心人员外，还邀请营销、生产、财务、采购和国际经济政策研究及国际合作等方面的专业人员参与，广泛听取他们关于新产品开发的意见，把各方面的建议都反映到新车型的开发过程中。对丰田的工程技术人员来说，在设计小组中工作也是一种文化氛围的改变。小组成员之间的交流不受任何障碍的限制。开发小组可直接与供应商联系和签订合同。装配线上的工人被安排在研究与开发中心内的模拟组装生产线进行培训。工人可以指出可能存在的组装问题，工程师可以在设计阶段根据工人的意见对设计进行改进。模拟试验结束后，工人已经经历了600h以上的操作训练，适应了新的汽车组装的操作要求。项目开发结束后，研究开发小组可以以其他形式继续存在下去，为生产过程的改进做出贡献。

（二）新产品设计过程中常用的技术开发手段

1. 头脑风暴活动

新产品开发的过程中，创意是十分具有创造性的活动。这个过程需要

参与者抛弃以往经验的束缚，通过围绕一个特定主题展开讨论，在交流的过程中产生思想火花，新的创意就产生了。头脑风暴活动（Brainstorming）应该在无拘无束的环境下进行，这样参与者才能够更自由地思考，从而产生很多的新观点和问题解决方法。当参加者有了新观点和想法时，他们就大声说出来，然后在他人提出的观点之上建立新观点。所有的观点被记录下来但不进行批评。直到头脑风暴会议结束的时候，才对这些观点和想法进行评估。头脑风暴活动的特点是让参与者敞开思想使各种设想在相互碰撞中激起脑海的创造性风暴，可分为直接头脑风暴和质疑头脑风暴法。前者是在专家群体决策的基础上尽可能地激发创造性，产生尽可能多的设想的方法；后者则是对前者提出的设想、方案逐一质疑，发现其现实可行性的方法。这是一种集体开发创造性思维的方法。

在头脑风暴活动中，参与人员应该人人平等，鼓励异想天开式的奇思妙想，提倡自由发言，畅所欲言，任意思考，尽量激发参与人员的想象力，激发个人追求更多更好的主意。“少数服从多数”的原则在此不适用，主意越新越怪越好，因为它能启发人构思出更好的创意。绝不能轻易打压甚至评判他人的“非主流”的创意。

2. 同步工程

同步工程是一种科学的设计管理方法，又称为并行工程（Concurrent Engineering），其最大特点是缩短新产品开发过程中的开发时间。在图3-10中，左侧非同步工程所需时间显然多于右侧采用同步工程所需时间。同步工程要求项目开发小组的各方面专家，甚至包括供应商，对项目开发问题共同进行决策，将产品设计和生产过程规划同时进行综合研究。

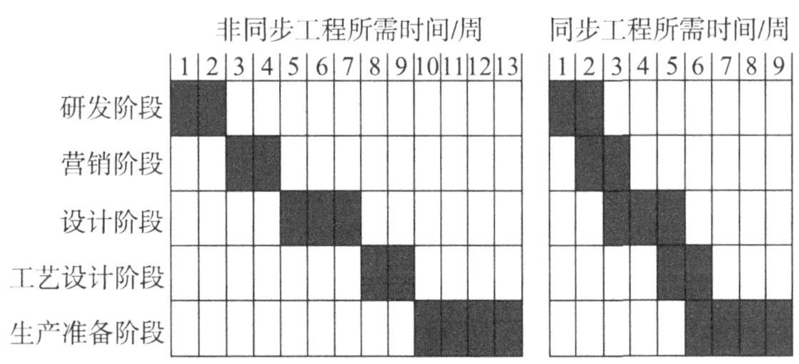

图3-10　非同步工程与同步工程所需时间比较

同步设计的一个例子是让供应商完成他们所提供的零部件的大部分设计工作。例如，在汽车制造行业，日本企业对其汽车组装使用的零部件只负责30%的设计，其他由供应商完成，而美国企业要负责设计的81%。在传统的设计过程中，美国汽车制造商对零部件的设计非常具体，甚至包括特定原材料的使用和具体的工艺图样，而日本制造商只是向供应商提供一个对零部件性能规格的一般要求。

如设计一种刹车片，能够使22001b的汽车在以96.56km/h的速度刹车后，刹车距离不超过60.96m，连续10次实验，刹车片不褪色，刹车片适合轮轴尺寸为15.24cm × 20.32cm × 25.4cm。厂家只要求供应商准备好样品，具体的设计由供应商完成。供应商是所供应的零部件生产方面的专家，他们作为项目开发小组的成员可在很大程度上节省开发时间和资源。

同步工程还要求在各个设计环节中，前一个环节还未结束，负责后一个环节的部门或单位就要提前介入对接，目的是熟悉相关情况以及使沟通过程充分有效。

在很多情况下，设计工程师并不完全了解生产系统的生产能力和制造设备设施的限制条件。目前，国外很多企业改变了传统的单独的设计职能，采纳设计与生产一体化的设计理念。例如，在设计过程中制造工程师尽早参与，每个设计小组都指定一名制造工程师参与产品设计，设计办公室靠近生产线，加强了设计与制造之间的交流，从而改进了最终产品的质量。这种方式也有利于设计和生产环节充分沟通，从而提高了设计工作的有效性，同时还可以缩短设计工作的时间跨度。

尽管采用同步设计的方法，对有些产品来说，其开发仍然需要一个较长的时间过程。由于同步设计需要很多活动同时平行进行，需要有效的方法来制订和控制开发进度计划。项目管理中的甘特图、PERT和CPM技术常被用来在同步设计中进行进度计划的制订和控制。

3. 面向可制造设计

产品的很多质量问题实际在设计阶段就形成了，所以设计阶段的努力对今后产品的生产和使用具有重要的意义。面向可制造设计（Design for Manufacturing，DFM）又称可制造性（Manufacturability），它表示在产品设计阶段就要考虑设计产品的可制造性和生产的经济性，是产品设计转向制造的重要环节。它通过对产品设计进行认真观察，在满足产品设计特性的前提下，找到易于制造的方法和途径。特别是对部件的设计应遵循便于组装的原则，有利于产品设计与生产过程有机结合。成功的制造设计可以提高产品设计的质量，减少制造成本，缩短研制周期，减少库存，减少对检验、测试和返工的资源需求，减少失误，保证制造系统不浪费资源，从供应商所购买的零部件和原材料能够100%得到利用，从而提高企业的竞争能力。最大限度减少产品使用零部件的数量既减少了产品简化组装过程，也便于采用自动化进行生产。产品所用部件应尽量标准化，这样可以节省设计时间，有利于组织大批量生产和采购，减少对库存投入和质量检验的要求，降低了生产难度。

图3-11表示未经可制造性优化前的驱动玻璃升降电机装配图，图3-12表示经可制造性优化后的驱动玻璃升降电机装配图。优化前电机由19个零部件构成，优化后零部件减少为7个，这样极大提高了产品的可靠性，同时还简化了生产和装配程序，有效地降低了制造成本。

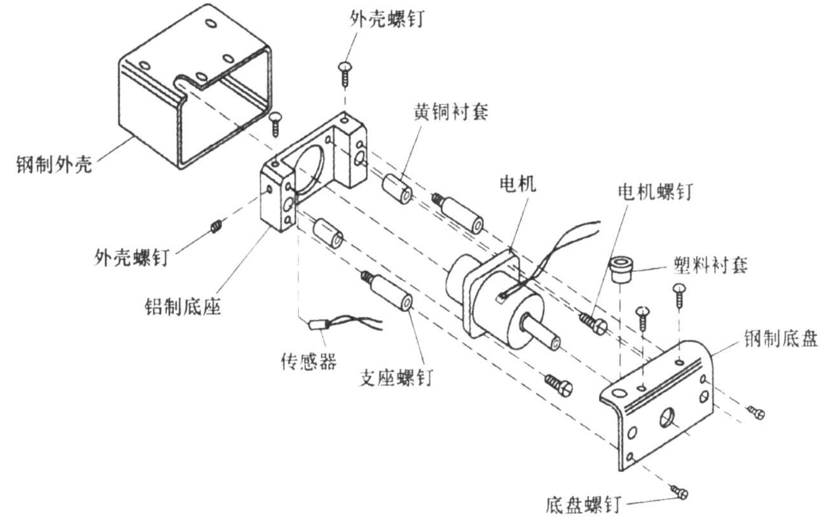

图3-11　未经可制造性优化前的驱动玻璃升降电机装配图

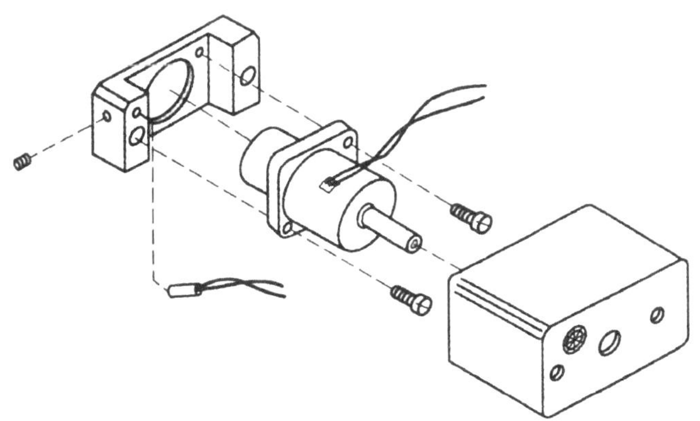

图3-12　经可制造性优化后的驱动玻璃升降电机装配图

一个好的制造设计可以用下面一些指标来进行评价：

（1）部件的数量。

（2）标准件的比重。

（3）使用现有的制造过程的情况。

以上三个指标用来评价产品设计的易制造性，产品部件越少，标准件比重越高，尽量使用已熟悉的生产过程，将使新产品的生产越容易和越经济。

易制造性设计的原则是能够尽量简化产品（或流程）以使其有更少的零部件（或处理阶段），从而减少供应商数量并降低出错的概率。

4. 模块化设计

模块化设计（Modular Design）是指结合使用标准组件和模块而生产不同产品的设计理念，其优点在于可以用较少种类的标准件和模块设计出品种范围较广的产品。模块化设计在电子和汽车行业中应用十分广泛，它要求设计的部件应适合不同产品的需要。在实施模块化设计的过程中，应尽量避免使用带螺栓的部件，这样可以简化组装产品的操作，缩短制造时间；模块化设计应包含产品生产流程，并形成书面文件，以便对员工进行培训和工作指导；每一项作业都应该有操作规程，保证能以相同方式完成每一项作业；应尽可能采用简单的作业及工序完成已知的作业；还要考虑模块和零部件容易更换。

模块化设计有助于实现大规模产品订制，符合消费者的特殊消费需求。一些大批量生产的服装也采用模块化设计的理念设计服装。如李维斯牛仔服的生产厂家可以采用模块化的生产方式为顾客提供服装订制服务，其过程如下：顾客先到李维斯专卖店中测量订制的服装尺寸，每个顾客的服装尺寸数据被传输到生产工厂，生产工厂在现有的服装衣片中进行适当组合，就可以完成对某一具体顾客的订制服装的加工制作。为了突出顾客个性化需求，李维斯可以在顾客指定的服装位置作特殊加工处理，如把顾客的名字绣在衣服的袖口处。这是集模块化设计和生产为一体的生产方式，高效的顾客订单收集和快速根据订单进行生产的能力构成了这种模式的核心。

5. 标准化设计

标准化设计（Standardization Design）是指采用共性条件，制定统一的标准和模式，开展的适用范围比较广泛的设计，它适用于技术上成熟、经济上合理、市场容量充裕的产品设计。在产品生产的前期尽量多用标准化设计，减少产品的差异化程度，产品简单时可以使用一些通用部件或标准化的设计来实现。这样不仅可以在最终组装环节实现更加多样化，而且可以简化物料处理和存货控制。通过消除不增值环节来简化流程，不仅可以缩减处理成本和通过时间，而且可以减少出错的机会。通常，“简化、傻瓜化”是一个重要的设计原则，它需要设计人员能够创造性地寻找到并消除不必要的、不增值的部分。尽管产品的多样化能够给顾客更多的选择，不过由于它同样也会增加处理的复杂程度，从而带来更高的成本、更长的通过时间和更低的质量。通过标准化、可靠的部件和程序有助于减少工人的判断、不明确性和出错的机会。类似地，标准操作程序可以简化招募、培训和提高劳动生产率和绩效。通过大量生产有限品种的产品来实现低成本、低通过时间和产品一致性，已经成为设计人员的共识。即使是在服务行业也同样适用，通过标准化减少处理时间的差异有助于缩短顾客等待时间，从而提高服务质量。

在模块化设计和标准化设计的基础上，延迟差异化（Delayed Differentiation）可以给企业和消费者双方带来好处。延迟差异化是指以模块化和标准化设计的产品，在得到具体用户的订单之前都是以模块化和标准化存在的产品，当具体用户订单确认后，根据该用户的具体情况做出具体的调整或组合，以满足具体顾客的需求。如惠普公司所生产的打印机在发往具体顾客或销售区域之前都是模块化和标准化的半成品，当顾客或销售区域确定后，惠普公司会给打印机配上适应当地电压的打印机电源线和使用该地区文字的产品说明书：延迟差异化的最大好处是可以使得企业以较少的标准化库存满足不同区域市场的需求，节约了库存成本，在不提高产品服务率（Service Level）的条件下快速响应不同地区的消费者的需求。

6. 防错装置（Poka-yoke）保证质量.

1961年，丰田公司品质管理专家新江滋生根据其长期从事现场质量改进的丰富经验，首创“Poka-yoke”的概念，即防错装置，又称防呆（Fool-proofing）装置，是一种预防矫正的行为约束手段，运用避免产生错误的限制方法，让操作者不需要花费注意力、也不需要经验与专业知识即可直觉无误完成正确的操作。在新产品设计的过程中，聪明的设计师会在容易出错的制造环节和使用环节大量设计防呆装置，旨在避免制造和使用时发生误操作，从而提高产品设计和使用的有效性。

在现实生活中，随处可见防错装置，如：计算机的接口，数码相机、照相机的电池和存储卡的外形和插入口的防错设计，可以有效地避免用户的误操作；大众手动挡汽车在发动汽车前，驾驶人必须踩下离合器踏板，否则不能发动汽车，这样可以提示驾驶人确认当前的挡位，避免汽车起动后出现突然窜车等失误操作；汽车车速大于30 km/h，若驾驶人没有系安全带，则报警装置会持续报警，若未放松手刹也会报警；在销售环节发现某牙膏品牌的产品出现空盒现象，生产企业在牙膏进入包装前加了一道工序，即用一定速度的空气向生产线吹气，若出现空盒则被吹离生产线，这样就有效地防止了空盒牙膏的出现。

7. 质量功能展开

质量功能展开（Quality Function Deployment，QFD）是日本质量管理专家赤尾洋二教授提出来的一种系统方法。它将消费者的需求意见和需求转换成适当的产品或生产工艺的设计要求（如市场策略、规划、产品设计和工艺、样机、评估、生产过程开发、生产和销售等），保证在产品开发和实施过程中能够始终听到消费者的声音，是帮助企业提高产品设计质量、提高顾客满意程度，从而提高竞争能力的工具。

质量功能展开往往被视为全面质量管理中的工具之一，它的目标是关注顾客，它的实施要有高级管理层的重视和支持，要有相应的组织结构和文化。质量功能部署是让所有员工及供应商都参与到产品开发过程中去，从而为消费者提供满意的产品或服务。企业在使用质量功能部署的过程中，首先要成立专门的QFD小组，在企业产品战略和市场战略的指导下，负责市场调查、QFD的分析和实施，根据消费者的需求确定公司对产品的质量特性目标，保证向消费者提供满意的产品或服务。质量功能展开因其形状像房屋，又称“质量屋”（House of Quality）。

（1）质量功能展开的结构。质量功能展开使用一套矩阵模式，图3-13所示为质量屋的构成要素。

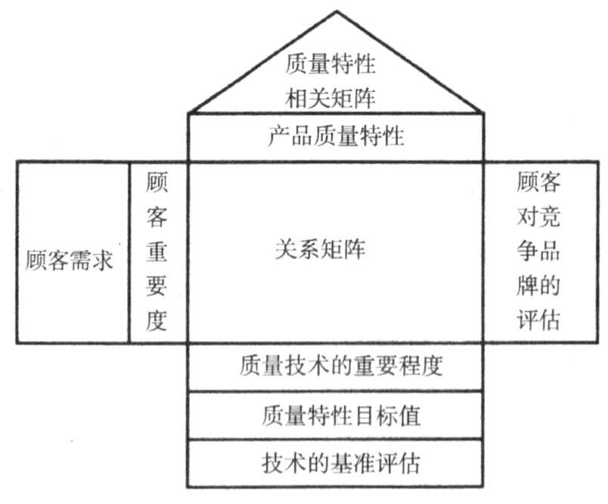

图3-13 质量屋的构成要素

图3-14是研发某品牌轿车车门时绘制的质量功能展开图，它由九个部分组成：顾客需求、顾客重要度、顾客对竞争品牌的评估、产品质量特性、关系矩阵、质量特性相关矩阵、质量特性的重要程度、技术的基准评估和质量特性目标值。

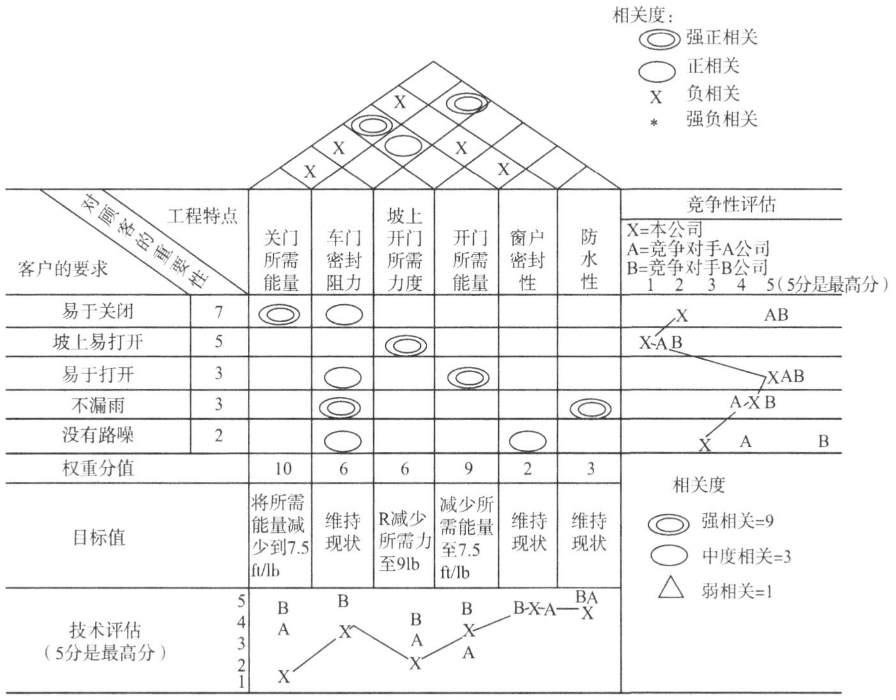

图3-14　研发某品牌轿车车门的质量功能展开图

1）顾客需求。将顾客对产品或服务的期望要求或渴望特性列举出来，并将这些需求进行适当分类。

2）顾客重要度。即顾客对不同的需求分别指定表示重要程度的权数，对重要程度较高的需求在设计过程中要努力加以满足。

3）顾客对竞争品牌的评估。在矩阵表的右端是顾客对竞争品牌的产品或服务特性的认识。

这是一种确定竞争地位的有效方法，它也可以使企业进一步核实不同特性对顾客的重要程度，明确本企业与竞争对手的产品相比的优势与劣势，为获取竞争优势发现机会。

4）产品质量特性。将顾客对产品的需求用企业的专业技术术语在矩阵表的上方表示出来，它是实现顾客需求的方式，应该对产品有价值、有量纲并且可测量，可以由QFD开发小组进行控制。

矩阵表的下方是竞争对手和本企业产品的技术性能的指标情况和困难程度的数据。

5）关系矩阵。这一部分表示顾客需求与产品质量特性之间关系的密切程度，设计人员根据它来确定哪些质量特性有助于实现顾客的需求。

6）质量特性的重要程度。质量特性的重要程度是根据关系矩阵中的顾客需求与质量特性的关系强弱，结合顾客重要度计算而得。

7）相关矩阵。它表示改变不同的质量特性对它们之间的相互影响。产品技术特性中有些技术性能是相互支持的，而有些又是相互冲突的。相关矩阵可以帮助设计人员用少量资源达到多种目标。

8）技术的基准评估。在整个表的下方是企业将自己的各项技术参数和竞争对手的情况进行对比。

9）质量特性目标值，特性目标值表示为满足顾客要求，新产品的技术性能所要达到的水平。它是综合考虑了整个矩阵表信息的分析，但不是通过计算而得到的。这些值应尽可能量化，为后续的开发提供指导。

质量功能展开要经过四个阶段，在四个阶段中，质量特性，零部件特性、工序特性和生产过程控制特性要通过质量屋表达出，其中涉及四个矩阵表，引导设计活动从产品设计到生产的整个过程，并将顾客对产品的期望传送到设计小组及生产一线员工。另外三个阶段与第一阶段依次相连，如图3-15所示。其中：第一阶段中的输出，即质量特性，作为第二阶段的输入；第二阶段的输出，即零部件特性，作为第三阶段的输入；第三阶段的输出，即生产工艺特性，作为第四阶段的输入；到了第四阶段，形成产品的生产过程控制特性。经过这样一个过程所确定的生产方式，将使企业能够提供满足顾客要求的产品或服务。

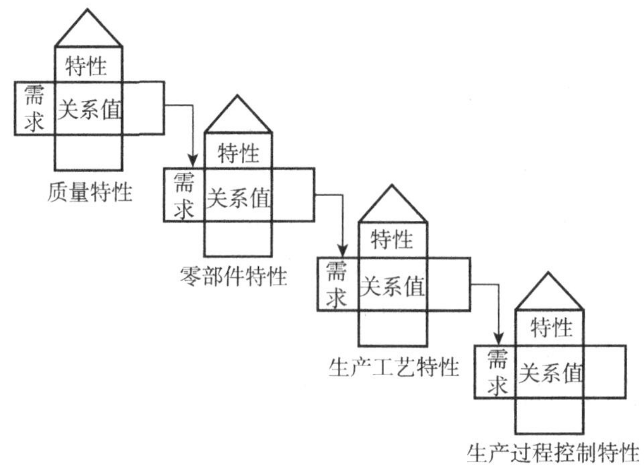

图3-15　质量功能发展阶段需求与质量特性的转换

（2）质量功能展开的好处。

1）更好地理解顾客的要求。

2）更好地理解顾客要求与技术特性以及技术特性之间的交互关系。

3）生产职能涉入设计过程。

4）打破职能和部门之间的障碍。

5）致力于设计。

6）鼓励小组活动。

7）改进设计的文件管理及开发过程。

8）形成设计的数据库可供今后的产品设计使用。

9）提高了顾客的满意程度。

10）减少了工程技术上的改动。

11）加快新产品进入市场。

12）降低了设计和制造的成本。

8. 反向工程

通过学习同行业竞争对手的产品，从而获得灵感的方法是新产品开发过程中的惯用手段，这种方法称反向工程或逆向工程（Reverse Engineering），其核心是通过解剖和认真研究竞争对手的产品或工艺的特性，以达到改进自己产品的目的。例如：20世纪30年代，丰田汽车公司在生产轿车初期就大量参考美系和德系轿车，通过反复拆装、研究、分析和测绘，设计出早期的丰田轿车；中国军方通过反向工程的手段，于20世纪50年代中期仿制生产AK47突击步枪，形成了我军的第一代国产56式冲锋枪，于1956年定型，1957年大量生产装备部队。

9. 稳健性设计

企业在产品设计或流程设计中，总是期望减小系统实际产出的质量与设计规范的差异。但有时减少差异是非常困难的，或者说是不经济的。另外一种处理差异的方法就是稳健性设计（Robust Design）。这一思想是指将产品设计成不管在生产过程中还是顾客使用环境中，发生任何差异都不会影响其实际性能的形式。设计的目的是产品足以抵御任何差异的影响。

通常，产品的性能不仅由内部（工序相关）和外部（环境相关）的因素决定，而且还由自身的设计参数所决定。设计者的目标是确定一个设计参数组合，能够保护产品性能免受可能遭受到的内部和外部的干扰因素的影响。通过统计试验，将不同的设计参数组合与不同水平的干扰相联系。这一问题的难点是找到合适的设计参数组合，以抵抗干扰因素的影响。

有一个能够诠释稳健性设计的例子：1947年，苏联开发出AK47突击步枪，该枪尽管各方面的性能并不拔尖，但简易实用，不易损坏。它不仅大规模装备了前苏军，也成为第三世界国家的普遍装备。“中国56式冲锋枪”就是根据它制成的。AK47原型送去测试时，连续打出15000发子弹后，尽管枪管发红，但射击精确度依然影响不大。沙土等异物进入枪内，也不影响AK47继续工作。它还能抵抗严寒、酷热以及极度干燥和潮湿。即使将AK47扔在水中，拿出来后也依然能够射击。

在20世纪六七十年代，美国介入越南战争。北越士兵使用的是AK47突击步枪，而美军使用的是射击精度更好、造价较高的M16步枪。在越南潮湿、高温的气候条件下，若不注意擦拭维护，M16步枪就会故障频出，主要问题有弹膛污垢严重、卡壳、拉断弹壳、弹匣损坏、枪膛与弹膛锈蚀和缺少擦拭工具，特别是在恶劣条件下，情况更为严重。而AK47突击步枪在这种严酷的环境之下却少有故障发生。有报道称，当时很多美军士兵在缴获AK47后，宁愿扔掉M16而使用AK47，由此可见AK47的稳健性设计做得十分出色。

进入21世纪以来，人们在媒体上经常可以看到在阿富汗的崇山峻岭和伊拉克的沙漠城镇中，许多反美武装也依旧使用AK47与早已进入信息化、电子化时代的美军殊死作战；甚至索马里海盗的标准配置也是一条沙滩裤、一双人字拖和一把AK47。

11. 绿色设计

绿色设计（Green Design）要求在产品设计中考虑使用可以回收再利用的材料或零部件去制造产品，便于维修，减少遗弃，尽量减少不必要的包装。在产品制造、消费和报废处置过程中，应减少原材料和能源的消耗。

世界上很多国家的政府都要求企业对其自己生产的产品负责，甚至包括产品使用寿命结束之后的处置。例如：1994年德国法律对个人计算机和家用电器的回收、再利用和安全处置做出规定，有些企业要支付环保税，有的则是在产品销售价格中包含了环保税；美国的七个州制定了有关电池回收的法律；日本对信息技术产品的能源消耗有规定限制；欧共体对环保产品加贴绿色标签；北京从1999年开始对在京销售的汽车提出新的环保标准，要求必须是电喷车并加装尾气净化装置。

五、产品设计开发中的风险控制

新产品在开发过程中实际上蕴涵着巨大的风险。普通消费者无法感受到企业在新产品开发过程中所经历的艰辛，开发新产品的企业也不会大张旗鼓地宣传自己失败的新产品开发案例。美国学者曾作过统计，成功开发一个新产品的背后有大量失败的案例，图3-16表明新产品开发过程中极低的成功率。

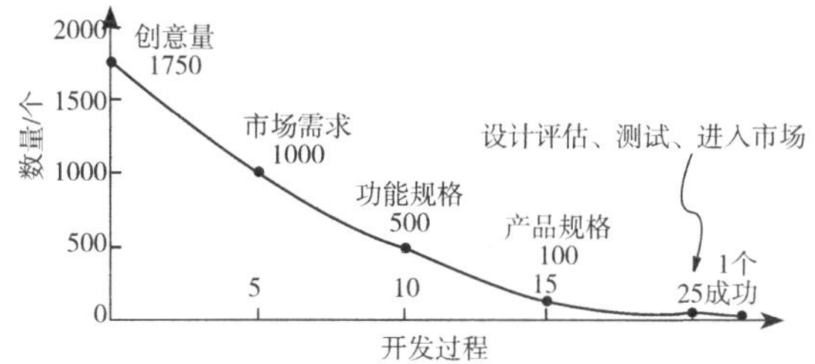

图3-16　新产品开发过程中极低的成功率

一方面，开发新产品既有巨大的消费者需求推动动因，也有公司追逐利润的内在动力；另一方面，公司要为新产品开发承受巨大的风险。公司不能因为有风险就停止新产品开发的努力，化解新产品开发过程中的风险成为每个开发新产品的企业共同关心的问题。图3-17说明了一种新产品开发过程中的减少风险的策略，即“先慢后快的新产品开发策略”。该策略把新产品从开发到推向市场大致分为四个阶段：创意阶段、研发阶段、生产阶段和推向市场阶段。在创意阶段中，公司主要成本花费在专家咨询费和差旅费等方面，这部分费用有限，不会给企业带来太大的负担；在研发阶段，公司要投资新产品开发的研制设施、实验仪器以及人工费等，费用要多于新产品创意阶段；在后面的生产阶段和推向市场两个阶段中，公司所需要投入的费用剧增，在生产阶段中，公司需要投资生产设施等固定资产，购置原材料，负担制造费用，支付人员工资等；在推向市场阶段中，公司需要拓展销售渠道，支付销售渠道建设费用等。

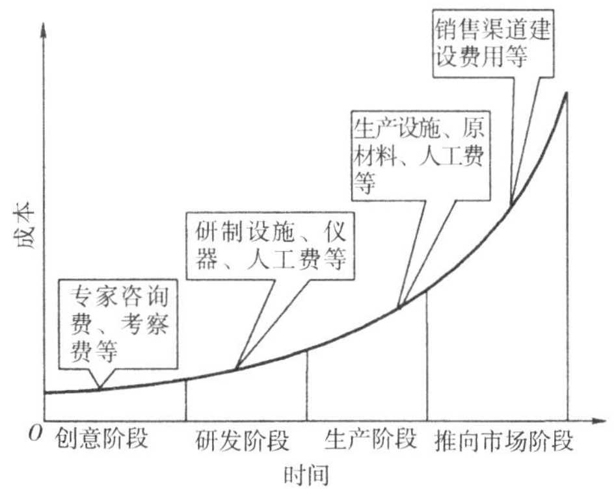

图3-17　先慢后快的新产品开发策略

“先慢后快的新产品开发策略”是指公司在新产品开发的前期，特别是创意阶段和研发阶段中，对新产品的研发工作一定要仔细谨慎，该考虑的因素一定要经过深思熟虑的论证，不应当有所遗漏，特别是不应当忽略对新产品有重大影响的各方面因素，一定要注重各个细节对新产品开发的影响。在这两个阶段中，最忌马虎大意和缺少严谨的工作态度，不怕工作进度慢，就怕不认真。严谨仔细是前两个阶段应该强调的要点。若经过科学严谨的论证后，因为技术因素或市场因素，发现某新产品的开发不可行，那么就要果断终止此新产品的开发工作，作为后续产品储备，等到条件成熟后再继续推进，这是明智的决策；反之，若冒险进入后两个阶段，生产的产品因技术或市场不成熟，由此产生的成本费用将给公司造成巨大的时务包袱。若经论证表明可行，那就应该在后面的两个阶段中快速推进，尽可能在竞争对手推出此类产品前率先进入市场，抢占先机，获得新产品进入市场的溢价收益。快速推进是后两个阶段应当强调的秘诀。

本章主要讨论了新产品和服务设计内容：新产品设计开发是公司不断满足顾客要求，实现公司长期发展的重要手段之一。新产品设计开发是一门科学，公司应该以科学的态度对待产品开发过程。新产品开发分为产品创意、可行性研究、初步设计、技术设计和生产过程规划等几个阶段，在搞好这几个阶段工作的过程中，还要注重应用先进合理的开发手段，这样才能生产出满足顾客需求的产品。同时，在新产品研发过程中还要缩短开发周期，控制设计成本，减少新产品的开发风险，使得开发出的新产品成为公司利润新的增长点。

服务产品的开发在本章也有讨论，有形产品的研发中采用的大部分技术手段也可以应用到服务产品的设计过程中。在新产品开发过程中要有风险意识，先慢后快的开发策略可以有效地降低新产品开发过程中的风险。

第二节　流程分析与生产能力设计

一、生产流程分析和改进

流程分析是研究某一零件或产品所用的流程，目的在于制定出费用最低、效率最高，可以生产出合乎质量标准的生产流程。

每一个作业分析都带有若干个共同的因素，如本作业的目的、与其他作业的关系、本作业的检验要求、搬运的方式、作业所处的地点、工艺装备以及方法、工作条件等。所以，对流程每一个环节都可以提出下列六个问题，即六问分析法：①为什么（why？）；②做什么（what？）；③怎样做（how？）；④谁来做（who？）；⑤在哪里做（where）；⑥什么时候做（when？）。

其中，why是最重要的，通常认为要解决某个问题必须连续问五个为什么，方能由现象触及本质。why的问题自然触及其他五个问题，它们的顺序通常是what—how—who—where—when。

“六问分析法”，在国外称作6W，或5W1H，其具体内容见表3-2 。

表3-2 5W1H法的内容

<table>
<tr><th>5W</th><th>现行方法</th><th>why</th><th>分析</th><th>改进</th></tr>
<tr><td>what</td><td>做什么？</td><td>为什么做？</td><td>是否必须做？</td><td>进取消或合并</td></tr>
<tr><td>where</td><td>在哪做？</td><td>为什么在这做？</td><td>另一地做是否更好？</td><td rowspan="2">重新安排</td></tr>
<tr><td>when</td><td>何时做？</td><td>为什么那时做？</td><td>别的时间做是否更好？</td></tr>
<tr><td>who</td><td>谁做？</td><td>为什么他做？</td><td>谁做更合适？</td><td rowspan="2">简化</td></tr>
<tr><td>how</td><td>怎样做？</td><td>为什么这样做？</td><td>怎样做更好？</td></tr>
</table>

六问表，是提问技术的基本工具。进行作业研究的关键是要有一个创新的积极态度、批判的效率意识，时时抱着为什么要这样做的态度，时时以时间、人力、物料的节约为宗旨。

在对上述六个方面问题逐个考虑后，可以通过取消—合并—重新安排—简化四项技术形成对现有方法的改进，即ECRS技术。这里用这八个字的英文单词打头字母表示，即ECRS。通常对于目的性的问题，如做什么，可以采用取消与合并；对于时间、地点及操作者的人选问题，可以进行重新安排、优化组合；而对于操作手段不合理方面要简化。

经过ECRS处理后的工作方法可能会有很多，于是就有从中挑选更佳方案的任务，评价新方法的优劣主要需要从经济价值、安全程度和管理方便程度几个方面来考虑。

通过这样的分析与改进，便可以总结出缩减移动距离多少、节约时间多少、节约操作次数多少等。

二、生产能力设计

生产能力计划决策是企业为顾客提供产品和服务的物质基础，生产能力决策是否合理直接影响到企业的长期经营和发展，生产能力过大或过小都不利于企业的经营运作。对于生产能力计划的制订，企业应选择和确定相应的生产能力发展策略并思考相关的问题，如：是需要一个大规模设施，还是若干个小规模设施？是应该在需求刚出现时就扩大生产能力，还是等到需求已经比较明显时再确定？对此需要采用系统的方法来回答这些类似的问题，并制定适合于不同情境的生产能力发展策略。

（一）生产能力的定义

生产能力（Production Capacity）是指在一定时期内（通常是一年），在先进合理的技术组织条件下，企业的全部生产性固定资产经过综合平衡后，所能生产的一定种类合格产品的最大数量，或者能够加工处理的一定原材料的最大数量。生产能力是在企业可能达到的技术组织条件下确定的，不考虑劳动力不足或物质供应中断等不正常现象，以实物指标产出为计量单位，通常以最大产品数量来表示，有时也以加工的原材料的最大数量表示。

（二）生产能力设计与核定的意义

生产能力设计与核定是企业拟准备形成的生产能力或摸清现有生产能力的过程。这是一项基础性工作，是企业经营决策的前提，是实现企业经营目标的物质基础。它有利于发现生产中的薄弱环节和富余环节，做到心中有数，是企业管理中“知己知彼”的“知己”环节。

生产能力核定始于基层，是自下而上进行的。首先确定设备和设备组的生产能力后才能计算生产线和工段的生产能力，之后才能确定车间的生产能力和企业的生产能力。

（三）可持续性生产能力

当生产能力的度量只是就生产设备而言时，常以额定生产能力（Rated Capaeity）来衡量。额定生产能力是指从工程角度进行测算，在扣除了正常维修时间的条件下，生产设备连续运转所能达到的最大年产出量。额定生产能力的计算公式如下

$$C_u=C_d u e \tag{3-1}$$

式中C_u表示额定生产能力；C_d表示设计生产能力；u表示生产能力平均利用率；e表示生产能力使用效率。

现举例说明额定生产能力的确定。

【例3-2】某公司生产一种面点食品供早餐用，其生产设施的使用效率

为90%，生产能力平均利用率为80%。该公司有3条生产线用于生产此种早餐食品，每条生产线每周工作运转7天，每天3个班次，每班工作8h。每条生产线的设计生产能力为每小时生产120份标准型早餐面点，试计算这3条生产线1周的额定生产能力。

解：每条生产线1周的工作运转时间=7天×3班/天~8h=168h/周

利用式（3-1）可计算额定生产能力为

$$C_u=C_d ue=120份/h\times 3\times 168h/周\times 0.8\times 0.9=43546份/周$$

额定生产能力并非意味着经济上的可持续性。生产运作经理必须确定在相当长的时间内可持续的经济生产能力水平。经济生产能力可能是1个班次运作，也可能是3个班次运作，视不同企业而异。从这种意义上说，生产能力可以被定义为利用实际现有人员和设备。在保持适当可持续性条件下所能达到的最大生产能力水平。当然，企业还可以采用增加工作班次或延长工作时间、减少机器维修次数以及分包合同等形式来增加生产能力，使之超出可持续经济生产能力的水平，以此来应付高峰需求等特殊情况。但由于员工们并不期望长期处于加班状态，这会导致生产率降低并且加班造成生产成本上升。这种方式不能持久，也不具经济性，只能在短期内应用。所以，需要对可持续性生产能力有一个合理的衡量并把握在适度的水平。

第三节　工作设计与工艺过程设计

一、工作设计

（一）工作设计概述

工作设计（Job Design）是指为个人或团体指明具体的工作活动内容，其目的是为了设计出满足组织及其技术要求和满足员工生理及其个人需求的工作内容结构。工作设计在企业生产运营管理中起着重要作用，合理的工作设计可以提高员工的工作积极性、提高企业的生产效率和改善企业的管理水平。

伴随着社会经济的快速发展，人们在需求方面也发生了很大的变化。人们工作不再是仅仅为了追求金钱或物质方面的东西，工作也不再只是员工的一种谋生手段，而是生活的一个重要组成部分。现在的工作设计已经考虑到了这种变化，在工作设计时试图通过设计高参与、高情感的工作方式的策略，来调动员工工作积极性、主动性和创造性，以实现组织的任务目标。但是，这种策略不一定适合于所有的企业。

（二）基于专业化的工作设计

工作专业化是指一个人工作任务范围的宽窄，所需技能的多少。工作专业化程度越高，所包含工作任务的范围就越窄，重复性就越强，效率也就越高，但是工作技能范围就会比较窄，要求也不高。反过来，工作专业化程度低，就意味着工作任务的范围宽，从而也需要有多种技能来完成这些工作。

工作专业化的优缺点如下。

1. 优点

（1）工作人员容易掌握工作方法。

（2）工作熟练度高、速度快、效率高。

（3）对人员素质和技能要求不高。

2. 缺点

（1）工人缺少对工作的控制，难以提高激励效果，可能引起工人缺勤、跳槽等。

（2）由于工作环节增多，不同环节之间要求有更多的协作，物流、信息流都较复杂。

（3）工作简单、单调和乏味，容易导致工人疲劳、产生厌恶感，影响效率和质量。

（二）工作设计的内容

工作设计是一项复杂的工作，因为现实生活中的工作方式是多种多样的。有常规性的工作，也有非常规的工作；有需要单一技能或少数技能组合的工作，也有需要多种技能或多种技能组合的工作等。这就要求在具体的工作设计中综合考虑多种因素，即应明确工作由谁来完成、在何处完成以及如何完成等方面的内容。每个因素还可能涉及其他方面的内容，如图3–18所示。

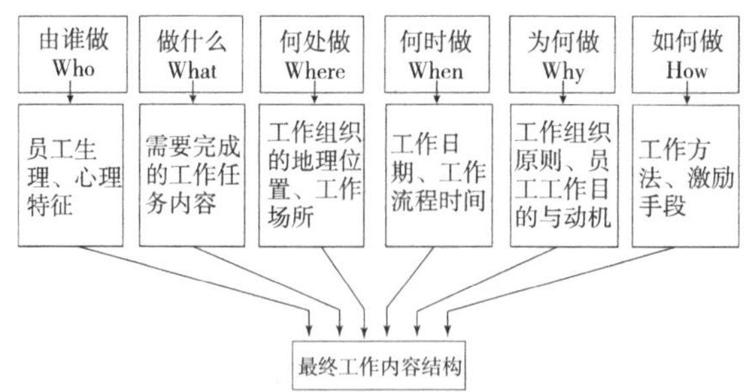

图3–18 工作设计的内容

工作设计的基本流程大致是：明确生产作业的流程；通过分工确定工作内容；明确每个员工的工作责任；规定协作关系，等等。

如下几个方面问题的影响也是在作工作设计时要考虑的：

（1）对作为员工工作组成部分的质量控制。

（2）对员工进行交叉培训，以使其适应不同工作的技能要求。

（3）让员工参与工作设计并使用团队工作方式。

（4）利用计算机和网络通信设备，提高员工工作的信息化和网络化水平。

（5）给所有员工适合他们自己的工作，激发员工的工作热情。

（6）制定具有激励性的报酬和奖励制度。

（三）工作设计的原则

在进行工作设计时，通常要遵守下面几个基本原则：

1. 适度授权

工作设计时，应考虑给予员工必要的自主性和控制权。例如，营销部经理允许销售员自己制定灵活的上下班时间，实行弹性工作时间制等。

2. 有效反馈

工作设计时应考虑到工作反馈问题，让员工明白、清楚自己的工作绩效。例如，规定主管与下属需就有关工作方面的问题定期进行面谈，让员工及时了解自己的绩效情况，以便不断改进。

3. 让员工尽量参与一项工作的全过程

工作分工切忌过细。可能的话，应尽量让员工参与到更多的工作过程中，以免工作单调乏味。

4. 让员工有不断学习的机会

例如，让员工参加各种技能培训并进行工作轮换，以丰富所掌握的工作技能。

（四）影响工作设计的主要因素

一个成功有效的工作设计必须综合考虑各种因素，既需要对工作进行周密的、有目的的计划安排，并考虑到员工的具体素质、能力等方面的因素，也要考虑到本单位的管理方式、劳动条件、工作环境和政策机制等因素。具体进行岗位设计时，需要考虑以下几方面的因素。

1. 员工因素

人是组织活动中最基本的要素，员工需求的变化是工作设计内容不断更新的一个重要原因，工作设计的一个主要内容就是使员工在工作中得到最大的满足。工作设计时要尽可能使工作特征与员工个人特征相适应，使员工能在工作中发挥最大的潜力。总之，工作设计时要尽量做到人岗匹配，以最大限度地发挥员工效能。

2. 组织因素

工作设计最基本的目的是提高组织效率、增加产出。工作设计离不开组织对工作的要求。具体进行设计时，应注意考虑以下方面：

（1）工作设计的内容应包含组织所有的生产经营活动，要考虑到组织经营活动的所有内容，只有这样才能保证组织生产经营目标的顺利达成。

（2）应确保所有岗位职责体系能够保障组织整体目标的实现。

（3）应充分考虑到所设计出的工作内容结构有利于员工个人能力的发挥与提升，保证员工能在工作中提升自己的知识与技能。组织应该在提高组织经济效益原则和员工个人发展原则之间找到最佳平衡点，使得员工利益与组织利益都能得到有效保障，实现双赢，提高员工的工作满意度和工作积极性。

3. 环境因素

环境因素包括人力资源供给情况和社会期望两个方面。

（1）工作设计一定是从实际出发，实事求是的，是充分考虑到组织现有的人力资源状况和未来需求，与组织现有的人力资源状况保持一致的。例如，应充分结合公司的实际情况。若公司整体人力资源素质偏高，则在工作设计时可把工作内容设计得相对复杂些；反之亦然。除此之外，在技术引进方面也要结合公司实际，应当引进与公司人力资源水平相匹配的技术。

（2）工作设计时还必须考虑到员工的社会期望。不同员工的需求层次和需求种类是不同的，这就要求在工作设计时要考虑一些人性方面的因素。

当今世界，员工激励已成为企业管理的一个重要内容，有效的激励能够使员工快乐而高效地工作。所以，在进行工作设计时要充分考虑如何才能更好地激励员工，把组织对员工的外在激励通过工作内容的合理设计转变为对员工的内在激励。

综上所述，影响工作设计的因素是多方面的，而且它们之间的关系也是复杂多变的。所以，应该让那些与工作密切相关或具有相关工作背景的人参与到工作设计中来，集思广益，从而有效提高工作设计的质量。

（五）工作设计中的行为理论

行为理论的主要内容之一是研究人的工作动机，这一理论对于工作设计也有直接的参考作用。人们工作的动机有多种：生理的需要、安全的需要、社会的需要、尊重的需要以及自我实现的需要。人的工作动机对人如何进行工作以及对工作结果有非常大的影响，所以，在进行工作设计时，不仅要考虑到人的物质方面的需要（生理的需要、安全的需要），也必须考虑到人的精神方面的需要（社会的需要、尊重的需要、自我实现的需要）。西方的一些研究表明，这种状况给蓝领工人带来的影响结果是：工人闹情绪、缺勤率高、变化工作频繁，甚至故意制造生产障碍（事故）。而对于白领工人也有类似的情况发生。

避免工作专业化过细带来的弊端，可使员工的工作和生活质量得到改善，使员工心理方面的需要得到满足。国内外已经提出并应用了一些工作设计的新概念和新方法，如工作扩大化、工作轮换和工作丰富化，以弥补传统的工作设计中考虑技术因素过多而忽略或不够重视人的需要和动机所带来的不足。

1. 工作扩大化

工作扩大化（Job Enlargement）是指工作的横向扩大，即横向上扩大员工的工作范围或领域，增加工作的内容，以改变员工对常规性、重复性的简单工作感到单调乏味的状况，改善员工工作和生活质量。工作扩大可以提高员工对工作的兴趣，从而有助于提高劳动生产率。20世纪60年代，扩大工作范围在西方国家盛行一时，不少企业增加了所设工作岗位的工作内容。

工作扩大化后的工作与员工原来所做的工作应有很大的相似性。这样做的好处：一是能使员工尽快地适应新的工作内容，并且还具有一定的挑战性；二是能更好和更快地提高员工工作效率，因为员工接受了新的工作内容，就必须相应获得新的工作技能。

不过，工作扩大化虽能在一定程度上激发员工的工作热情，但是，在培养员工的挑战意识和真正激发员工的工作积极性、创造性方面并没有太大的意义。

2. 工作轮换

工作轮换（Job Rotation）也称岗位轮换，是指企业有计划地按照确定好的期限，让员工轮换从事若干种不同工作。工作轮换有利于员工掌握多种工作技能，也有利于员工了解不同部门、岗位之间的协作或依赖关系。

工作轮换因轮换目的不同而不同，主要有新员工的工作轮换（为了使新员工尽快适应组织和了解工作的全部过程，也为了进一步考察员工的适应性）、培养“多面手”的工作轮换（为了适应日益复杂的经营环境，企业都在设法建立“灵活反应”式的柔性组织结构，要求员工具有较强的适应能力）、培养管理骨干的工作轮换（对于高层管理人员来说，应当具有对企业业务工作的全面了解和对全局性问题的分析判断能力）。

工作轮换的时间长短不应有硬性规定，而应根据轮换对象的学习能力和学习效果等因素来具体确定。同时，在安排员工轮换时，要充分考虑到他们自身的能力、知识、兴趣、职业爱好等因素，尽量安排与其最匹配的工作岗位。

3. 工作丰富化

工作丰富化（Job Enrichment）是指工作内容的纵向扩大，增加员工在工作计划、决策参与、生产控制、甚至绩效考评等方面的工作内容，加大员工的工作自主性，以使其获得成就感、责任感和被认可的满足感。例如，让生产一线的工人担负部分其他职责（如制定作业计划、产品检验、设备保养等），从而在一定程度上满足其成就感、责任感和个人发展的需要。

有关研究认为，工作丰富化提高了员工的工作满意度，有效激励了员工，使员工的工作积极性和主动性有所提高，生产率和产品质量也得到了提高，同时员工出勤率也得到了提高，对企业、对个人都产生了积极的影响。

二、工艺过程设计

工艺过程是劳动者按照产品设计图纸，利用劳动工具对各种原材料、半成品进行加工或处理，使之成为产成品的生产运营程序和方法的总体安排。

（一）工艺过程设计的原则和程序

工艺过程作为成品加工制作的总纲，原则上决定了生产运营的路线和所用方法及设备。

1. 工艺过程设计原则

（1）优先采用先进的工艺。采用先进的工艺，有利于保证产品质量，提高生产运营效率，降低原材料消耗，提高经济效益，而且对保护生态环境也有重要意义。

（2）从企业实际情况出发。工艺过程设计要把确保产品质量符合要求及产品成本最低作为一个重要原则，既要考虑企业当前生产运营的实际情况，充分利用企业现有资源和技术力量，又要考虑企业今后的发展，为采用先进的工艺过程创造条件。

（3）控制工艺路线倒流。工艺路线不合理，特别是工艺路线倒流，不仅会增加搬运费用，而且会大大增加生产运营过程的复杂性，应该尽量减少或消除。

（4）突出经济性。工艺过程在满足产品生产运营的数量、质量要求基础上，必须认真进行工艺过程的经济性分析，以努力提高经济效益。

（5）注意人—机协调。利用人机工程学进行分析，使工艺过程满足人—机关系最佳协调的要求，保证工人安全、工作舒适，减少人—机不协调而出现的时间浪费和质量问题，降低成本。人—机协调包括很多方面，如操作时尽量利用脚、动作应连续并符合人的习惯等等。

2. 工艺过程设计的程序

工艺过程设计可分成以下几个环节来进行。

（1）产品分析。从产品的装配图入手，明确产品的零部件的相互关系，明确零部件何时、何地、以何种方式结合到整个产品中去。要做好工艺性分析与审查工作，对零部件几何形状是否合理、加工是否方便、精度是否合适、所用材料能否替代、能否改用标准件或通用件等方面认真考虑，并在此基础上对产品设计进行修改。

（2）各个零部件工艺方法的拟定。根据零部件的产量和产品设计中规定的尺寸、公差、材料等具体要求，选择拟采用的工艺方法。

（3）零部件自行生产运营分析。对本企业的生产运营能力进行调查分析，明确有哪些零部件目前尚不具备生产运营条件或生产运营成本过高，比较本企业创造条件自行生产运营和外协、外购供应的经济性及其他方面影响，正确决定自行生产哪些零部件，通过外协、外购途径解决哪些零部件。

（4）各个零部件工艺路线的拟定。分析零部件的不同工艺路线并进行优化选择，将有关工作归结为工序。

（5）工序设计。规定工序的加工对象、所用设备名称及型号、工艺装备、加工质量要求、工时定额、所包括的工作内容及操作程序、注意事项等。工序设计的结果是形成工序卡和工艺守则。

（6）工艺过程分析。考虑进行产品生产运营的所有活动，包括从准备原材料开始到加工完成进行装配整个过程的全部工作。因工艺过程分析中可借助网络计划技术或计算机辅助设计来确定产品工艺路线，适当安排各工序的先后顺序。

（7）工艺过程的优化。对工艺过程进行系统评价，考虑企业具体条件的影响，应用正交试验、价值工程等方法进一步修改和完善工艺过程。在此基础上可编制工艺规程。工艺规程是指导工人操作的技术文件，也是生产运营过程组织的主要技术依据，包括过程卡、工艺卡和工序卡。

（二）工艺准备工作

工艺准备工作的任务是如何制造产品。任何产品设计方案的执行，都必须经过工艺准备过程，工艺准备是保证产品设计阶段所规定的各项要求得以实现的一个主要准备阶段。

工艺准备工作主要包括以下这些内容。

1. 产品图纸的工艺分析和审查

产品图纸是指导产品加工和装配的依据，所以，在设计过程中，要考虑生产过程中的工艺性。但是，由于分工和专业知识的局限，产品图纸还必须由工艺人员进行工艺性分析和审查，其目的是按工艺要求、企业设备能力、协作关系等来审查产品结构的合理性和经济的可行性，并尽可能利用本企业的生产工艺条件，完成制造任务。

工艺分析和审查的主要内容有：图纸标示的精度及技术要求的经济合理性；加工件、装配件的结构形状的工艺可行性及结构继承性；工艺基准面的选择；结构的标准化和规格化程度；材料的加工性和经济性；生产设备和运输工具可否适应加工、装配及运输的需要；现有工具和标准工具可否利用。

工艺性审查工作要与设计人员和生产人员密切配合，工艺难题需共同研究解决。为了使设计图纸具有良好的工艺性，工艺性审查工作应随同设计工作进行。不得制作和使用未经工艺审查的图纸。

2. 工艺方案的制定

工艺方案是工艺准备工作的纲领性文件，它规定了全部工艺工作应遵循的基本原则以及产品试制中的技术关键和解决方法。

工艺方案的主要内容有：规定设计产品试制及过渡到批量生产或大量生产的质量标准；规定工艺规程的编制原则及形式等；制定关键性工艺的解决方案，选定试验研究的课题；规定工艺装备的设计原则和工艺装备系数；确定生产组织形式和工艺路线；分析工艺方案的经济效益；估计工艺装备工作量，规定工艺工作计划。

工艺方案的编制依据主要有两个，一是产品设计工作的类型和产品性质；二是正式投产所规定的生产特点、生产规模、生产类型等。工艺方案的编制，要在工艺负责人领导下，拟定若干初步方案，并组织有关人员进行会审，经过对工艺方案的技术分析、审定、择优后，报总工程师批准执行。

（三）工艺方案的经济效益分析

工艺方案的经济效益分析的目的在于选择最优工艺方案。一般可分为两阶段对工艺方案优劣进行比较。第一阶段是对各工艺方案进行技术经济指标分析，它是从各个侧面考察工艺方案的优劣；第二阶段是对各工艺方案的工艺成本进行分析，它是从综合、整体的角度判断工艺方案的优劣。

第四章　现代企业生产运营系统的运行

经过上一章的分析，我们了解了现代企业生产运营系统设计的相关内容，本章将接着上一章的内容，对现代企业生产运营系统的运行进行论述。内容包括对现代企业生产运营过程的分析、现代企业生产运营准备与管理的内容、企业生产运营计划以及生产运营系统空间配置和互联网时代供应链管理的新模式。

第一节　现代企业生产运营过程分析

一、生产运营过程组织

生产运营过程组织就是合理组织好各种生产要素，处理好生产过程中人与人、人与物、物与物之间的关系，对生产过程的各个环节、工序在时间和空间上进行合理安排，使其成为一个整体系统，从而使生产运营系统运行过程达到时间最省、行程最短、成本耗费最少的目的。

（一）生产运营过程的构成

生产运营过程是指从生产技术准备开始（或原材料投产开始）到产品完工为止的业务过程。主立运营过程一般包括劳动过程和自然过程。劳动过程是由人员利用劳动工具或设备作用于劳动对象，完成产品加工过程的活动；自然过程是借助自然力改变加工对象的物理或化学性质的过程，如制造厂铸件的自然冷却、酒类产品的发酵过程等。

生产运营过程的构成可以从功能属性和要素结构两方面来理解。

1. 生产运营过程的功能属性

按照生产运营过程组织的功能属性，可以将生产运营过程划分为生产技术准备过程、基本生产过程、辅助生产过程、生产服务过程和附属生产过程。

（1）生产技术准备过程。这是指正式投产前的各项技术准备工作，包括产品设计、样品试制、工艺设计、工艺装配设计与制造、材料与工时定额制定、生产组织确定等。

（2）基本生产过程。这是指直接完成产品加工制造，改变产品物理性质和化学性质的生产活动，如毛坯生产、零部件加工、热处理、电镀、焊接、冲压、装配等活动。

（3）辅助生产过程。这是指为保证基本生产过程的正常进行所从事的各种辅助性生产活动，包括设备维修、工具制造、蒸汽和动力等的生产和供应。

（4）生产服务过程。这是指为基本生产和辅助生产服务的各种服务活动，如原材料、零部件的保管、运输、发放等。

（5）附属生产过程。除了上述生产过程外，不少企业的生产运营系统还包括附属生产过程。设置附属生产过程的目的之一是充分利用生产过程中产生的废渣、边角废料等而配备相应的生产环节，生产相应的附属产品；另一个目的是为了充分利用企业剩余的人员、资金、厂房、设备等资源，组织生产专业产品外的附属产品。

生产运营过程各组成部分之间既相互区别，又紧密联系。其中，基本生产过程是最主要的组成部分，其他过程均以其为核心并为其服务。随着专业化协作的发展，企业生产运营系统并不是一定要包含上述所有过程，一些辅助性、服务性甚至基本生产的部分业务，根据企业运营的需要，均可以外包或外协的方式由其他合作伙伴来完成。

2. 生产运营过程的要素结构

按照生产运营系统运行过程的构成要素，可以将其分为物流过程、资金流过程和信息流过程。

（1）物流过程。这里的物流过程是指包括物料采购、零部件加工、装配、存储、运输等的物流过程。物料经过生产运营系统一系列加工制造后，转换为预定的产成品。这一过程也是物料的增值过程。对此物流过程管理得好坏，直接关系到整个生产运营系统的运行绩效，如交货期、库存、效率、质量、成本等指标。

（2）资金流过程。资金流是以在制品和各种原材料、辅助材料、燃料、生产设备等实物形式出现的，分为固定资金和流动资金。提高资金周转率是提高生产运营过程经济效益的重要途径。而准时生产、零库存管理、TQM等，是加速资金周转、降低库存积压资金的有效途径。生产运营管理的一个主要任务就是要加速资金的周转，提高资金的使用效益。

（3）信息流过程：信息流包括输入生产运营系统的各项指令、规程、标准等信息，以及生产运营系统输出的反映系统运行状况和系统运行效果的信息。其具体包括员工工作效率、设备运行状况、生产进度和质量状况、成本消耗状况、工艺规程、技术标准、劳动定额、生产计划、交货期要求等。信息流要保证及时、准确，处理和反馈要有效。信息流的作用在于对生产运营系统进行控制和优化改进，使系统高效率地运行。

（二）生产运营过程组织的基本要求

1. 生产运营过程的适应性

生产运营过程对产品品种及工作内容变化的适应能力称为适应性。主要体现在以下两个方面：一是满足不同产品或零件加工要求的能力。能加工的产品（或零件）种类数越多，则其适应性越好。二是品种转换时间的长短。品种转换时间越短，则说明其柔性越好。生产运营系统的柔性取决于设备的柔性、人员的柔性、组织的柔性、管理系统的柔性。例如，采用柔性更好的设备（柔性制造系统），采用成组技术，培养多技能员工，建立能适应任务多变的组织模式——综合型小组结构，实行能适应变化的管理模式——车间或班组自主管理模式。

2. 生产运营过程的准时性

准时生产（Just in Time，JIT）是指在必要的时间和地点，生产必要的品种和数量，不多也不少、不迟也不早。准时生产最早由日本丰田汽车公司提出并经实践证明效果显著。为了最大限度地降低成本，丰田汽车公司提出生产过程零库存的目标。通过看板管理技术实施准时生产，取得了非常明显的成效。实行准时生产有利于降低库存，加速资金周转，提升生产运营系统的运行效率。生产不准时的状态下为了避免生产中断，则必须增加保险库存。实现准时生产，有赖于物料供应的准时性、生产计划的周密性、生产运营系统的可靠性等一系列要素，这就要求把整个生产运营系统的各环节按准时化要求进行组织和协调。

3. 生产运营过程的连续性

生产运营过程的连续性是指产品在生产运营过程各阶段紧密衔接，产品要么正在加工，要么正在检验或正在运输，很少发生中断或等待现象。保持生产运营过程的连续性，可以有效地减少产品的等待或中断时间，缩短生产周期，减少在制品占用量，加速流动资金的周转。

实现生产运营过程的连续性，一方面有赖于合理的生产组织，包括合理的厂房和设施布置，使产品生产流程在空间位置上相互衔接；一方面也有赖于生产计划的工作水平，如做好生产技术准备和生产服务工作，避免停工待料现象，合理安排人员和设备的日常任务，做好各生产环节的产能和任务的平衡，确保生产环节之间任务的相互衔接。

4. 生产运营过程的平行性

生产运营过程的平行性是指生产运营过程的各项活动或各道工序实行平行交叉作业。平行作业是指不同制品在多条不同生产线上并行加工，或同种制品在多条相同的生产线上并行加工；交叉作业是指一批相同的制品分布在一条生产线的各道工序上同时加工，每件制品在上道工序完工后立即转移到下道工序接着加工。

实行平行生产可以大大缩短生产时间，但平行生产占用更多的生产设备、人员和空间。

5. 生产运营过程的均衡性

生产运营过程的均衡性是指零部件在加工的过程中，在相等的时间间隔内生产大致相等或少量递增的产品量。实现均衡生产有利于建立正常的生产秩序，创造良好的工作环境，有利于设备、人员的有效利用和产品质量的稳定，提高劳动生产率，降低生产成本。

组织均衡生产，取决于企业内部和外部两个方面。企业内部要提高生产组织与计划水平，合理安排设备和人员的工作负荷；企业外部则要建立比较稳定的供应渠道和稳定的合作关系，保证原材料等能按时、按质、按量供应。为了抑制市场需求的波动，还可以通过一定的促销手段，如适当提高销售旺季产品的价格，降低销售淡季产品的价格，以保持市场需求的均衡性。

6. 生产运营过程的比例性

生产运营过程的比例性是指生产运营过程中各个工序之间在生产能力与生产速度上均保持一定的比例关系。生产运营过程的比例性是生产运营过程连续性的前提条件。实现生产运营过程的比例性有利于充分利用生产设备、劳动力，有利于减少产品在生产运营过程中的中断和等待时间，缩短生产周期。生产运营过程的比例性包括纵向比例性和横向比例性两个方面。纵向比例性是指一批相同制品经过生产运营系统各环节加工速度的一致性；横向比例性是指一种产品的各零部件的生产速度的比例关系，横向比例性直接影响产品生产的配套性水平。

生产运营过程的比例性，一方面有赖于生产运营系统建设初期对于厂房、设备和人员的合理设计和配置，确保各生产环节生产能力的合理比例关系；另一方面有赖于日常的生产计划、组织与控制，要根据市场需求的变化，以及生产运营系统条件的变化，合理组织生产运营系统各个环节的设备和人员，确保各环节生产能力上的比例关系。

二、生产运营类型的划分

企业的生产运营过程各式各样，组织生产运营各不相同，为了便于选择和建立相适应的生产运营组织形式和编制、实施生产运营计划等，要按一定的标准对各种企业的生产运营过程进行分类，即划分生产运营类型。

根据不同的需要和场合，划分生产运营类型的标准是多样的。

在划分生产类型的标准中，最常见、最典型的是按产品生产的重要性、稳定性划分为大量生产、成批生产和单件生产。在成批生产中又划分出大批生产、中批生产和小批生产。企业的习惯说法是大批大量生产、成批生产、单件小批生产。国家有关部门、有关行业对划分标准做了规定。表4-1为机械制造行业按零件大小及产量划分的不同生产类型。

表4-1　按零件大小和产量划分的生产类型

单位：件

生产类型		零件的年产量		
		重型零件	中型零件	轻型零件
单件生产		<5	<10	<100
成批生产	小批	5~100	10~200	100~500
	中批	100~300	200~500	500~5000
	大批	300~1000	500~5000	5000~50000
大量生产		>1000	>5000	>50000

不同的行业划分标准不同，对某一行业的划分标准也随着社会的进步及客观情况的变化而不断进行相应的调整和变化。

按上述分类确定工作地生产类型有两种典型方法。

其一是按工作地的负荷系数（K）值大小来划分。具体做法是：对工作地现场进行测算，得出有关数据，求得K值，然后与事先规定的标准值对比，确定工作地的生产类型。

具体求法如下：

$$K=\frac{t}{r}$$

式中：K——工作地的负荷系数；

t——工序单件工时分/件；

r——品出产节拍分/件。

判别标准见表4-2。

表4-2　工作地负荷系数参考数据

<table>
<tr><th colspan="2">工作地生产类型</th><th>工作地负荷系数值</th></tr>
<tr><td colspan="2">大量生产</td><td>>0.5</td></tr>
<tr><td rowspan="3">成批生产</td><td>大批生产</td><td>0.5～0.1</td></tr>
<tr><td>中批生产</td><td>0.1 ～ 0.05</td></tr>
<tr><td>小批生产</td><td>0.05 ～ 0.025</td></tr>
<tr><td colspan="2">单件生产</td><td><0.025</td></tr>
</table>

其二是按固定于工作地的工序数目（m）来划分工作地生产类型。其方法同样是在工作地现场收集有关数据，求得工序数目值m，然后与事先规定的标准值进行比较，从而确定工作地的生产类型。

具体求法如下：

$$m=\frac{\sum_{i=1}^{n} m_i}{q}$$

式中：m——工序数目；

m_i——第i种零件经过g个工作地工序数之和；

i——作业组内承担零件的种数；

n——零件种数；

q——工作地数目。

判别标准见表4-3。

表4-3　工作地生产类型的参考数据

工作地的生产类型	固定于工作地上的工序数目
大量生产	1～2
大批生产	2～10
中批生产	10～20
小批生产	20～40
单件生产	40以上

三、不同生产运营类型的特征及典型产品

按生产运营过程的重复性、稳定性划分的生产运营类型有不同的特征，它们的对比见表4-4。

表4-4　不同生产运营类型的特点

生产运营类型 特点 项目	大量大批	成批生产	单件小批
产品品种	单一或很少	较多	很多
产品产量	很大	较大	单个或很少
工作地工序数目	1~2道工序	较多	很多
设备布置	按对象原则，采用流水生产或自动化生产线	既有按对象原则，又有按工艺原则	基本按工艺原则排列
工艺装备	采用高效和自动化专用工装	专用和通用工装并用	基本采用通用工装
生产设备	广泛采用专用设备	专用、通用设备并存	采用通用设备
设备利用率	高	较高	低
应变能力	差	较好	很好
要求工人技术水平	低	较高	很高
劳动定额的制定	详细	有粗有细	粗略
劳动生产率	高	较高	低
计划管理工作	较简单	较复杂	复杂多变
生产控制	容易	难	很难
产品成本	低	较高	高
产品设计	易按“三化”设计	“三化”程度较低	按用户要求设计

各种生产运营类型所生产的比较典型的产品见表4-5。

表4-5　各种生产运营类型的典型产品

<table>
<tr><td rowspan="3" colspan="2">工作特征
产品结构
重复程度
功能特征</td><td>流程型</td><td colspan="3">加工装配型</td></tr>
<tr><td rowspan="2">结构简单</td><td colspan="2">结构复杂</td><td></td></tr>
<tr><td>三化程度高</td><td>三化程度低不高</td><td></td></tr>
<tr><td>专用产品</td><td>单件小批</td><td>特殊订货的钢种钢材试制产品</td><td>结构简单的专用设备仪器</td><td>房屋建筑</td><td>大型船舶、重型机器、大型水轮机专用成套机器设备</td></tr>
</table>

续表

<table>
<tr><td colspan="2" rowspan="3">工作特征
产品结构
重复程度
功能特征</td><td>流程型</td><td colspan="3">加工装配型</td></tr>
<tr><td rowspan="2">结构简单</td><td colspan="2">结构复杂</td><td></td></tr>
<tr><td>三化程度高</td><td>三化程度低不高</td><td></td></tr>
<tr><td rowspan="2">通用产品</td><td>成批</td><td>制药
纺织印染
炼钢
轧钢</td><td>大地测量仪、生物显微镜等普通仪表</td><td>工业汽轮机
桥式起重机
某些电子仪器、仪表</td><td>机床
机车
飞机</td></tr>
<tr><td>大量</td><td>造纸
水泥
炼油
化工</td><td>自行车
手表
洗衣机
农机具</td><td>小轿车
电视机</td><td>拖拉机
军用卡车</td></tr>
</table>

从表4-5可以看出，应从市场需求、产品特点等多方面去确定和选择相适应的生产运营类型。同样，这些产品在生产运营类型选择上的定位也不是一成不变的。

第二节　现代企业生产运营准备与管理

一、需求预测

需求预测对于企业的生产运营具有重要的作用，然而，真正做好这项工作的企业可能为数并不多。在企业经营中，要了解、监控企业的内外部环境变化，科学合理预测出企业未来一段时间的需求期望水平，以便制定企业自身的生产经营计划和控制决策。

（一）需求预测的含义及其重要性

预测是对未来可能发生情况的预计与推测。预测为人们提供了未来即将发生的情况的信息，然而这个信息并不是十分准确的。市场需求预测就是在通过市场调查获得一定资料的基础上，运用已有的知识、经验和科学方法，对市场未来一定时期内的需求变化状况及其趋势进行分析并做出判断和推测。进行市场需求预测时，重点应搞清楚市场环境因素对市场需求的影响。这个影响有可能是长期的，也有可能是短期的，因而在作市场需求预测时，既有长期预测也有短期预测。长期市场需求预测将影响到企业生产运营中的设施选址和设备选择以及长期生产计划；而短期市场需求预测将影响到短期生产计划的编制、库存控制和原材料采购等方面的活动。

（二）需求预测的基本原则

1. 连贯性原则

从市场发展的纵向过程来看，各阶段都具有连续性，现在的情况是由过去演变而来，将来又是现在发展的一个结果。市场发展的这种连续性，表明事物发展有自己固有的规律，只要规律发展的环境条件不变，合乎规律的现象就会出现。运用连贯性原则可以对未来市场的规模和发展趋势进行预测，趋势外推法、滚动性预测法等都是运用连贯性原则派生的预测方法。

2. 相关性原则

相关性原则是指事物之间存在一定的相伴而存、相互影响的现象，原因导致结果，已知推导未知。事物的相关性原则决定了市场预测能够根据以往市场发展的模式和规律，推测将来市场发展变化的情况。

3. 定性分析和定量分析相结合原则

预测方法多种多样，各具优缺点，要确保需求预测结果更加科学，应始终坚持定性分析和定量分析相结合。实际工作中，一种好的预测策略都是先运用定量预测方法得到量化结果，然后用定性分析方法对该预测结果加以修正。

（三）需求预测的程序

为了保证取得好的预测结果，企业必须遵循科学的预测程序，其步骤如下：

（1）确定预测目标。市场预测目标就是市场预测的内容和目的，它根据项目在一定时期的任务和要解决的问题而确定，主要包括预测要解决的具体问题、地域范围要求、时间要求、各种指标及其准确性要求等。

（2）分析整理资料。根据预测目标，对市场调查所搜集的资料进行认真的核实与审查，注意资料的可靠性和完整性，并进行归纳分类，分析整理。

（3）选择预测方法和预测模型。预测工作是一项综合性很强的工作，如果选用的预测方法不适当或者处理不当，都难以达到预期的目的。一般地说，对定量预测可以建立数学模型，对定性预测可以建立逻辑推理模型。在选择和建立模型时，必须综合考虑，反复推敲，力争使模型能够准确地反映预测对象的状态。

（4）分析评价。模型预测结果往往与实际情况是有差异的，不能直接应用，还必须进行分析评价。分析评价时要综合考虑企业内部和外部的各种影响因素及其变化情况，特别是对那些在预测中涉及的与过去不同的新因素，要把它们数量化，分析其对未来发展的影响范围和程度，并分析预测结果可能产生的误差大小及原因。

（5）修正预测结果。采用的预测方法或预测的模型本身具有局限性，它们只能近似地反映客观事物的数量关系，或只能解决主要因素之间的关系和变化问题，而不可能把所有影响预测结果的因素都包括在模型之内，因此会产生一些误差。为保证预测结果的准确性和完整性，应对已取得的预测数值进行适当的修正，全面分析相关的各种因素，对预测过程中尚未考虑或忽略的相关因素也应具体分析其影响，并在修正预测结果时予以考虑，以提高预测精度。

（6）编写预测报告。预测报告一般包括预测的目的、目标、时间期限，使用的预测方法，误差范围，确定此预测值的理由，以及在当前或今后应采取的策略、措施或行动计划等。

（四）需求预测的方法

需求预测的方法有很多（图4–1），在具体选择过程中，应该根据以下原则进行选择。

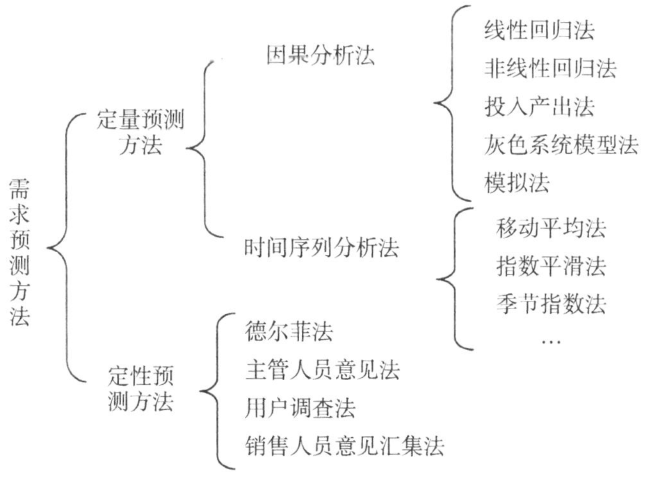

图4–1　需求预测的方法

1. 必须能为经管人员所理解

需求预测是经营计划的基础。如果经营人员不能理解或不能根据需求预测制定决策，那么花费很大力气做出来的预测也就不能起到应有的作用。这就要求需求预测的方法必须使经营人员充分理解和相信。很多企业在进行预测时，由于使用数学方法受到许多限制，所以在实际工作中广泛使用一些简单的主观预测方法。

2. 必须适时

进行预测要利用最新的数据。所以，使用的预测方法要有弹性，能够把情况发生变化后的必要的新数据补充进去。只有这样做，才能使经营人员获得最新的情报，并把这些情报信息作为下一步预测的基础，才能把预测作为制订计划的标准。

3. 必须简便有效

简便有效的预测方法方便操作、成本低廉，并且预测效果较好。因而在挑选预测方法时，应该朝着这一目标进行，比起复杂有效的预测方法，能达到事半功倍的预测效果。

4. 必须经济

需求预测是在企业投入有限的人力和费用的情况下进行的。预测工作能够进行到什么程度，主要取决于需求预测的效果，即取决于进行需求预测所需费用和所得效益之间的比值。

5. 必须适时验证

影响需求预测的因素众多，各种预测方法各有优缺点，但在一定程度上能适当互补。需求预测结果直接影响到企业的生产计划，甚至战略决策，因此需求预测必须采用2～3种方法适时验证。

总之，按照企业经营的需要进行需求预测，最重要的是选择的预测方法必须符合本企业的经营目标。预测方法要满足一定的精确性、弹性、适用性、持续性、简便性的要求。

三、生产运营人员准备与管理

人是生产力中最积极、最活跃的因素，生产运营人员准备与管理工作的优劣，直接关系到企业生产资源是否高效力，生产运营过程是否高效率，生产运营结果是否高效益。生产运营人员准备与管理应是在工作研究的基础上，具体做好生产运营人员的选择、培训、分配、考核及奖评等工作，以充分体现在市场经济环境下，以人为本，调动企业员工积极性、创新性，为企业持续发展打下坚实基础。下面在工作研究的基础上主要讨论劳动定额和定员的问题。

（一）制定劳动定额

1. 工时消耗分类

为了科学地制定劳动定额，首先要对工时消耗进行正确分类，为制定先进合理的定额提供依据。一般而言，企业把总的工时消耗（工作班时间）分为两类，即定额时间和非定额时间。具体划分如图4–2所示。

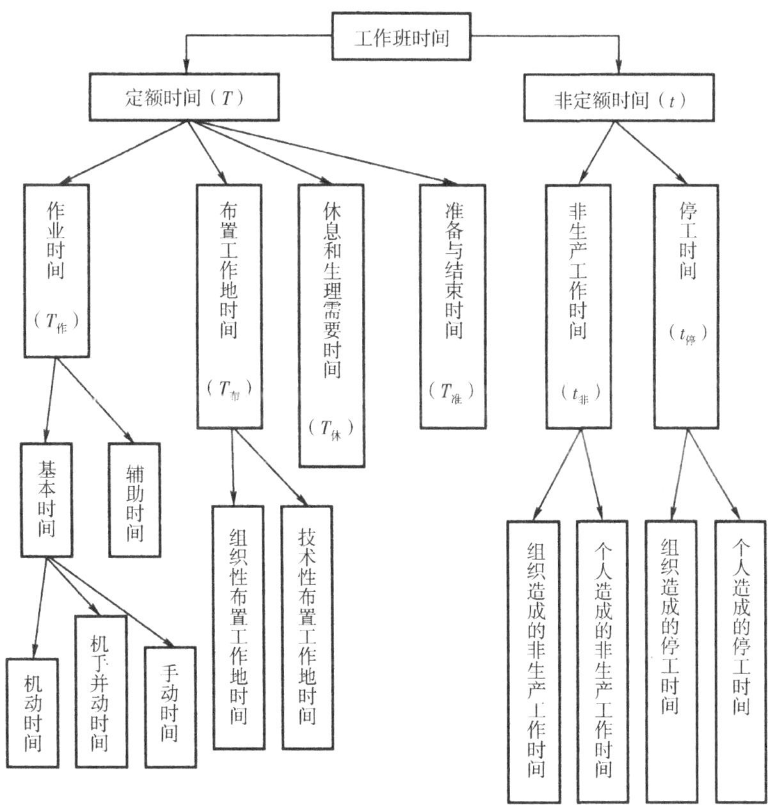

图4–2 工作班消耗时间分类

各类时间消耗的定义、特征、举例等说明可参见表4-6和表4-7。

表4-6　定额时间分类

分类	定义	特征	举例
作业时间	劳动者执行某工序的工艺技术程序，以实现工艺目的而消耗的时间	随每一工件重复出现	铸件造型；金属结构件制作；产品装配；工件切削的全部操作
基本时间	劳动者使用机器设备，改变劳动对象的几何形状、位置、理化性质等所消耗的时间	随每一工件重复出现	机械加工工序的金属切削；装配工序的铲削；焊接工序的切割焊
辅助时间	劳动者为完成基本操作而实施某些辅助操作而消耗的时间	随每一工件重复出现	工件装卸；开关机器、进退刀；移动刀架；工作自检测量
布置工作地时间	劳动者在工作班中，为使工作地保持正常工作状态和良好作业环境所消耗的时间	随工作班重复出现	
技术性布置工作地时间	劳动者在作业过程中，为使技术装备、加工条件处于正常状态而消耗的时间	随工作班重复出现，与机器延续时间成正比，发生在工作过程中	调整机床；更换刀具；清除切屑；整理毛坯、成品
组织性布置工作地时间	劳动者为实行文明生产而对工作地实施组织措施所消耗的时间	随工作班重复出现，一般发生在工作班开始与结束时	设备检查、注油、试运转；领取、放置、收拾工具、文件；清扫整理现场；交接班
休息与生理需要时间	劳动者在工作班中用于消除疲劳及生理上正常需要所消耗的时间	随工作班重复出现，视作业性质、条件及劳动强度而有差别	休息； 喝水擦汗；吸烟；上洗手间
准备与结束时间	劳动者为完成一批产品加工或一项单独工作而进行事前准备及事后结束所消耗的时间	随产品批次重复出现	接受任务熟悉技术文件；设备、工具调整；首件加工、交验；交还工具、清理现场；填写工票

表4-7　非定额时间分类

分类	定义	产生的原因	举例
非生产工作时间	劳动者在工作班内做非生产性工作或生产中的无效劳动所消耗的时间	组织安排个人负责	社会活动；个人用于非生产或无效劳动时间等
组织造成的非生产工作时间	劳动者在工作班内由组织安排从事非生产性工作所消耗的时间	组织因某种需要占用生产时间	因无生产任务或其他停工而进行的临时安排等
个人造成的非生产工作时间	劳动者在工作班内由于个人原因从事非生产性工作或无效劳动所消耗的时间	工作处理不当或技术失误	个人造成的废品、次品、返修品；个人干非生产性工作等
停工时间	劳动者在工作班内由于外部或个人原因使生产中断而发生停工所消耗的时间	管理不善或企业外部影响；个人违反劳动纪律或其他原因	等待物资；等待生产任务；擅离工作岗位
组织造成的停工时间	劳动者在工作班内由于组织管理原因造成停工所消耗的时间	企业内组织管理不善；企业外部工作缺陷	等待检验；等待修理、工具；等待工艺文件等
个人造成的停工时间	劳动者在工作班内由于个人原因造成停工所消耗的时间	个人违反劳动纪律	迟到、早退、中途离岗；旷工；临时事假或病假；个人造成停工事故等

时间定额的组成在不同生产条件下是不同的。在大量生产条件下，由于工作地固定，加工同种制品，准备和结束时间在开始生产时做了一次性处理，因此，不再计入单件时间定额。在这种条件下，工序单件时间定额的计算公式为：

单件时间定额=作业时间+布置工作地时间+休息和生理需要时间

如果用作业时间的一定百分率来表示布置工作地时间及休息和生理需要时间，则计算公式为：

单件时间定额=作业时间×（1+布置工作地时间百分率+休息和生理需要时间百分率）

在成批生产条件下，由于工作地轮番生产几种产品，每轮番生产一种产品都需要消耗一次准备和结束时间。因此，除了制定单件时间定额外，还要单独制定准备和结束时间定额，并将其分摊到每一件产品的时间定额中去。这个时间定额叫“单件计算时间定额”。其计算公式为：

$$单件计算时间定额=\frac{单件时间定额+准备和结束时间}{每批产品的数量}$$

在单件生产条件下，单件时间定额可粗略计算。其计算公式为：

单件时间定额=作业时间×（1+布置工作地与休息和生理需要时间占作业时间百分率）+准备与结束时间

在时间定额中，除作业时间外，其他时间均可称为宽放时间。宽放时间的确定是时间研究中最具争议的问题。其原因是多种多样的，最主要的是与个人差异、工作性质及工作环境有关，具体计算方法可参考有关专著。

【例4-1】据某零件公司资料表明，完成1000个零件需消耗基本工作时间60min，布置工作时间占工作时间3%，工作中不可避免的休息和生理时间占工作时间10%，请计算生产1000个零件的时间定额是多少？

解：按照公式单件时间定额=作业时间×（1+布置工作地时间百分率+休息和生理需要时间百分率）可知：

该零件公司生产1000个零件的时间定额=60×(1+3%+12%)=69min

【例4-2】某零件公司每生产500件甲、乙、丙三种零件，共需耗时90min，三种零件按顺序生产，每种零件准备和结束时间为7min、10min、8min，请问该公司单件计算时间定额是多少？

解：按照公式单件计算时间定额$=\frac{单件时间定额+准备和结束时间}{每批产品的的数量}$

可知：

$$该公司单件计算时间定额=\frac{90+(7+10+8)}{500}$$

$$=0.23\text{min}$$

2. 劳动定额的制定方法

工业企业中常用的劳动定额的制定方法，除已介绍过的时间研究方法（属技术分析法），还有经验估工法、统计分析法和类推比较法等。

选择劳动定额的制定方法，应根据企业的生产运营类型、管理和技术水平、专职定额人员素质等因素决定。经验估工法、统计分析法、类推比较法和技术分析法的基本做法、特点、优缺点和适用范围参见4-8。

表4-8　制定劳动定额的方法比较表

方法＼项目		制定劳动定额的基本方法	特点	优缺点	应用范围
经验估工法		由专业人员根据自己的生产实践经验，参照生产技术文件和实物，考虑生产技术组织条件来估算定额的方法	凭专业人员的实践经验	方法简便，制定速度快，但技术依据不足	多品种单件小批生产；新产品试制；一次性临时定额
统计分析法		利用过去生产过的同类型产品或类似产品工序的实际工时消耗的资料，在分析比较的基础上制定定额的方法	凭统计资料的数据	方法比较简便，制定的速度也快，但定额的可靠性取决于统计资料的质量	成批生产
类推比较法		以同类产品典型零件的定额和规定参数为依据，进行分析比较后制定定额的方法	以典型零件定额和规定参数为依据类推比较	制定速度比较快，但如果典型零件或参数不当，会影响定额质量	多品种单件小批生产
技术分析法	技术测定	在分析生产技术组织条件和总结先进经验的基础上，应用测定和写实方法来制定定额的方法	根据现场测定的时间数据	方法较复杂，工作量较大，但技术依据较充分，定额质量较好	成批生产；大量生产
	技术计算法	在合理的工艺规程和工作地组织的基础上，利用各种时间标准和工艺参数标准来计算定额的方法	根据时间标准和工艺参数标准进行计算	方法最复杂，工作量最大，但技术依据充分，定额质量比其他方法好	大量生产；成批生产

在制定劳动定额时，需注意以下几方面的问题：

（1）制定劳动定额的基本要求是“快”“准”“全”。“快”是时间要求，要尽快制定以满足生产运营现场的需求；“准”是质量要求，制定的定额要先进、合理；“全”是范围要求，应该制定定额的都不能漏掉。这三者中，“准”是关键，在准的基础上力求“快”和“全”。

定额水平一定要先进合理，既不能过高而难以实现，又不能过低而缺少鞭策。统计分析法中的3个计算公式能够体现这个原则。这3个计算公式为：

平均先进工时=（工序平均实作工时+最先进工序实作工时）÷2

平均先进工时=先进部分工序实作工时之和÷先进部分项数

平均先进工时=（先进部分实作工时之和+平均实作工时×落后部分实作工时项数）÷总项数

【例4-3】某印刷公司年后准备开印500套四大名著，按照以往的工时标准，印刷1套四大名著的平均实作工时是5min，印刷1套四大名著的最先进工序实作工时是3min，那么，该印刷厂定多少天完成这500套四大名著的印刷呢？

解：根据公式平均先进工时=（工序平均实作工时+最先进工序实作工时）÷2可知：

印刷1套四大名著的平均先进工时=（5+3）÷2=4min

所以，印刷500套四大名著的平均先进工时就是4×500=2000min≈4.5

（2）定额涵盖的工作要全面。应该确定定额的每个岗位、每个工人，一定要确定定额。

（3）为了不打击工作人员的积极性，相同工作定额的统一和不同工作定额水平的平衡都必须得到保证。

（4）以具体的情况变化为依据，对定额作及时、适当的修正。

（5）必须选用与本企业特点相适应的定额制定方法制定企业的劳动定额。

（二）编制定员

企业应合理编制定员，既要保证生产和工作需要，又要防止人浮于事，窝工浪费。企业应认识到在市场经济中要充分调动各类人员的积极性，以精练的机构和人员、有效的工作去应对急剧变化的市场竞争，才能使企业立于不败之地。

企业在定员时必须严肃、认真，慎重进行。劳动定员是编制劳动计划、调配劳动力的重要依据；是促进和改善劳动组织，有效建立岗位责任制的依据。搞好定员使企业人力资源得到有效配置，有利于促进企业生产效率的提高，更好地应对市场竞争的需要。

企业定员的编制要根据企业既定的产品方向和生产规模，在一定时期内和一定的技术组织条件下，规定企业应配备的各类人员的数量标准。编制定员有时可简称“编制”或“定员”。

编制定员的方法如下：

（1）按劳动效率定员。根据生产任务、工人劳动效率和出勤率计算。其计算公式为：

定员人数=每一轮班应完成的生产任务÷（工人班产量定额×定额完成率×出勤率）

（2）按工时定额计算。其计算公式为：

定员人数=每一轮班应完成的生产任务×工时定额÷（工作班时间×定额完成率×出勤率）

这种定员方法适用于劳动有定额的人员。

（3）按设备定员。根据机器设备数量、工人看管设备的定额、设备开动班次、出勤率计算。其计算公式为：

定员人数=（为完成生产任务必须开动的设备台数×每台设备的开动班次）÷（工人看管定额×出勤率）

这种定员方法适用于以机械操作为主的工种。

【例4-4】某企业计划期内某车间每轮班某产品的产量任务为1500件，每个员工的班产量定额为5件，定额完成率预计为120%，出勤率为80%，计算该工种每班的定员人数。

解：根据按劳动效率定员公式可知：

定员人数=1500÷（5×1.2×80%）

≈312（人）

所以该工种每班的定员人数约为312人。

【例4-5】某公司生产车间每个班次应生产的零件数量为1200件，每个员工每班工作8小时，工时定额为2件，定额完成率预计为110%，出勤率为85%，计算该工种每班的定员人数。

解：根据工时定额定员公式可知：

定员人数=1200×2÷（8×110%×0.85）

≈321人

所以该工种每班的定员人数约为321人。

【例4-6】某零件生产公司有生产设备80台，现有一单急活，公司准备每天2班次，开动所有现有设备，以完成任务，已知每个工人的看管定额为100件，工人出勤率为80%，请问该任务定员人数是多少。

解：根据按设备定员公式可知：

定员人数=（80×2）÷（100×80%）

=200人

所以该任务定员人数为200人。

当发生下列情况时，会产生富余人员：①某种产品或服务的市场需求萎缩；②生产机械化水平提高；③劳动生产率提高，压缩劳动定额；④生产重新组织、精简机构等。此类问题随着市场经济深入发展，发生的频次会越来越多，发生期越来越短，对企业影响会越来越明显，人员的变动和调配会越来越多变，要求越来越高。这就要求企业要认真做好预测工作，提前做好安排和协调，防止对企业造成大的影响和波动。

对富余人员的安排可有以下几种主要途径：①组织劳动服务公司或生活服务公司；②有计划地分期分批组织技术业务的岗位培训；③参加本企业新建、扩建项目；④参加本企业综合利用、修旧利废或组织其他生产活动；⑤认真做好符合退休、退职条件职工的退休、退职工作；⑥通过人才交流中心，调配到其他用人单位；等等。

企业的生产运营准备除了上述谈到的生产技术准备、生产物资准备、生产人员准备外，还有产品协作配套准备、设备准备、动力准备、理化计量准备等。总之，企业应做好上述各方面的准备工作，为高效、优质、低成本地实现生产运营打下坚实的基础。

第三节　企业生产运营计划

一、生产运营计划概念

生产运营计划是生产运营管理的首要职能。为了生产出符合市场需要和要求的产品，同时实现高效率、高效益，企业必须制订科学合理的生产运营计划，确定生产什么产品、生产多少数量、什么时候生产、由哪个部门生产、如何生产。生产运营计划的确定不仅需要满足需求和生产运营能力两个方面的要求，而且要考虑收益和成本方面的要求，因而确定生产运营计划各项指标是一个综合平衡的过程。

企业生产运营计划所面对的核心问题是生产运营能力与需求之间的矛盾，即生产运营过程的均衡性与市场需求的波动性之间的矛盾，解决问题的关键在于协调“生产运营能力”“市场需求”“企业效益”三者之间的关系。

二、生产运营计划体系

生产运营计划可分为战略层、战术层和作业层计划三个层次，其特点见表4–9。

表4–9　不同层次计划的特点

层次 项目	战略层计划（长期）	战术层计划（中期）	作业层计划（短期）
计划期	长（≥5年）	中（1年）	短（月、旬、周）
计划的时间单位	粗（年）	中（月、季）	细（工作日、班次、小时、分钟）
执行单位	企业、公司	工厂	车间、工段、班组
详细程度	高度综合	综合	详细
不确定性	高	中	低
管理层次	企业高层领导	中层、部门领导	低层、车间领导
特点	涉及资源获取	资源利用	日常活动处理

由表4–9可以看出，三个层次的计划有不同的特点，从战略层到作业层，分别对应从高到低的管理层次，计划期由长到短，计划的时间单位越来越细，覆盖的空间范围越来越小，计划的内容越来越详细，计划的不确定性越来越小。

（1）长期生产运营计划。长期生产运营计划属于生产运营战略计划范畴。其主要任务包括产品决策、产能决策、选址决策、厂房与设施规划、生产运营模式决策等，涉及产品发展方向、生产发展规模、技术发展水平、生产运营系统结构决策等长期和全局的计划内容。

（2）中期生产运营计划。中期生产运营计划属于战术性计划，计划期一般为2～3年。它的主要任务是在预测市场中期需求的基础上，对企业在计划期内的生产任务做出统筹安排。由于中期生产运营计划所依据的中期预测结果具有较大的不确定性，因而中期生产运营计划不规定具体品种和具体时段的产量。其主要包括规定计划期的品种大类、总量规模、质量档次等。中期生产运营计划涉及外协外购、产能调整、员工规模及招聘计划、物料库存等。

（3）短期生产作业计划。短期生产作业计划时间在一年以内。其作用是根据市场预测结果和客户订单确定计划期的生产任务。由于计划期短，预测可以较具体和准确，因而可以对计划期的具体品种、产量、各时段的生产进度做出具体的安排。在计划对象上细分到自制和采购的零部件和物料；在执行部门上具体落实到车间、班组、岗位；在时间上从年度细化到月、旬、周、天、工作班。短期生产作业计划与市场客户需求的结合更为直接和紧密，它在强调计划任务的具体落实以满足市场客户需求的同时，力求实现生产运营系统的均衡运行，系统产能和各项资源得到有效运用，从而提高效率，降低成本。

三、生产运营计划指标及其确定

（一）生产运营计划指标

生产运营计划是由一系列指标组成的，这些指标包括品种、产量、质量、产值等。

（1）品种指标。品种指标是企业在计划期内生产的产品种类、型号、规格数量。品种指标表示企业在品种和规格方面满足市场多样化需求的能力。在产能总规模一定的条件下，计划品种数越多，则每种品种的产量规模就越小，用于品种转换的时间消耗就越多，效率越低。多品种小批量生产下的不确定因素多，管理难度较大。计划期应该生产哪些品种的产品以及各种产品的规模，一般根据市场需求预测和企业的生产技术条件来确定。

（2）产量指标。产量指标是企业在计划期内生产的各种产品的数量。产量可以台、件、t表示。对于品种、规格较多的系列产品，也可用复合单位表示，如拖拉机用马力（1马力=735.499W）、电动机用kW等。对于品种差距大，难以用实物单位表示的情况，还可以采用综合单位表示，如把各种产品产量折算成“工时数”表示，汽车制造厂可以用“辆”来表示，生产多种家电产品的企业用“产值”来表示。产量指标是企业进行供产销平衡的重要依据。产量指标与销售计划相对应，与市场需求相一致，在预测生产式条件下，产量指标取决于预测结果；而在订单生产式条件下，产量指标主要取决于客户订单。而确定产量指标除了取决于客户需求外，还取决于企业产能的大小。

（3）质量指标。质量指标是企业在计划期内产品质量和工作质量应达到的水平，常采用统计指标来衡量，如一等品率、合格品率、不合格品率、废品率、返修率等。质量指标的确定取决于现有设备的技术状况、工艺技术水平、企业的管理水平。质量指标与企业的质量能力水平相对应。在质量指标高于生产运营系统正常水平的条件下，不合格品率将大幅度增加，成本将大幅度增加；相反，质量指标水平太低的话，尽管生产难度变小，但市场客户的满意度将下降。

（4）产值指标。产值指标是用货币量表示的产量指标，产值指标能综合反映企业生产经营活动的成果，用于反映企业的经营规模水平，便于纵向发展水平的比较和不同行业之间的横向比较。根据具体内容与作用不同，产值指标包括总产值、商品产值、净产值等。产值指标适用于品种规格多、品种差异大，难以用实物单位表示的情况。产值指标主要为确定资金需求计划、产能需求计划、员工招聘计划等提供依据。

（二）生产运营计划指标的平衡与确定

1. 品种指标的确定

产品品种指标反映了企业适应市场多样化需求的能力，然而，多品种生产会分散企业的生产能力，失去规模优势。

从经济角度考虑，品种指标的确定可采取收入利润率法。这种方法是企业根据每种产品的销售收入与获得利润的比值高低，同时结合企业的目标利润率来确定生产的产品和产量。

而收入利润顺序法是将生产的多种产品按销售收入和利润排序，并将其绘在收入—利润图上。

【例4-7】某企业生产八种产品的收入和利润次序如表4-10和图4-3所示。

表4-10　销售收入和利润次序表

产品代号	A	B	C	D	E	F	G	H
销售收入	1	2	3	4	5	6	7	8
利润大小	2	3	1	6	5	8	7	4

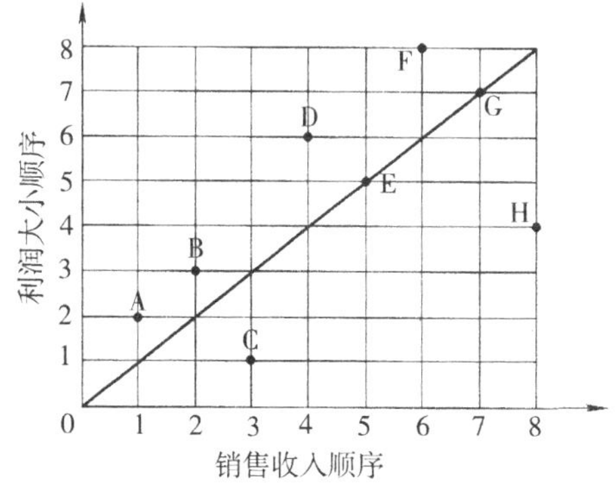

图4-3　收入—利润次序图

对于销售收入高、利润大的产品，即处于图4–3右上角区的产品应考虑优先生产；相反，对于销售收入低、利润小的产品（甚至是亏损产品），即处于图4–3左下角区的产品，则需要作进一步分析以采取相应对策。如果是新产品，处于投入期，市场销路尚未打开，因而销售额低，并且由于新产品的设计和工艺未成熟，所以生产效率低，成本高，利润少甚至亏损，但若经分析，该产品具有发展潜力，则应该继续生产；如果是已进入衰退期的老产品，则应该考虑退出生产。

2. 产量指标的确定

产量指标的确定受市场需求、企业生产能力、原材料、能源供应状况、企业生产运营组织方式等要素的影响。从经济角度考虑，可在采用量本利分析法的基础上，确定各种产品的合理产量。

用量本利分析法确定产品盈亏平衡点。设P为价格，Q为年产销量，S为销售收入，F为年固定成本，y为单位产品变动成本，则有：

年总成本：$C=F+VQ$

年利润额：$E=S-C=PQ-F-VQ$

根据以上公式，绘出盈亏平衡图，如图4–4所示。

令$S-C=O$，得到盈亏平衡点产销量$Q_0=F（P-V）$。

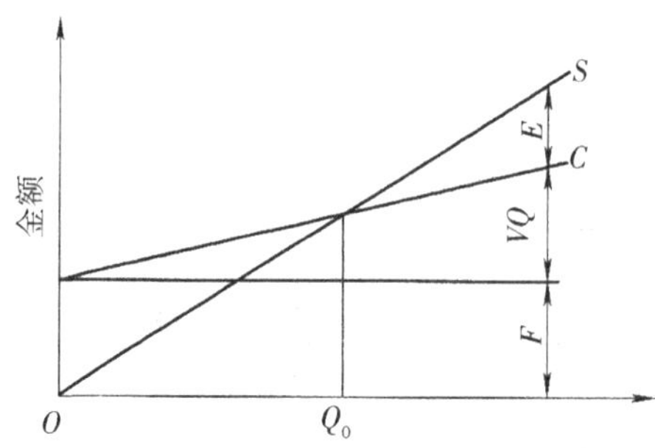

图4–4 盈亏平衡图

由图4–4可见，在$Q>Q_0$的情况下，产销量Q越大，则利润也越大。然而，这是在假设价格不变的条件下才成立的关系。事实上，根据产品价格弹性原理，销售收入和产销量之间的关系如图4–5中的S曲线。即在一定的产销量范围内，销售收入随产销量的增加而按一定比例增加，但产销量超过一定的值时，继续扩大产销量则将要求以加大促销力度、降低产品价格等措施来配合，因而导致总的销售收入升速变慢，直至出现销售量增加而销售收入下降的情况。

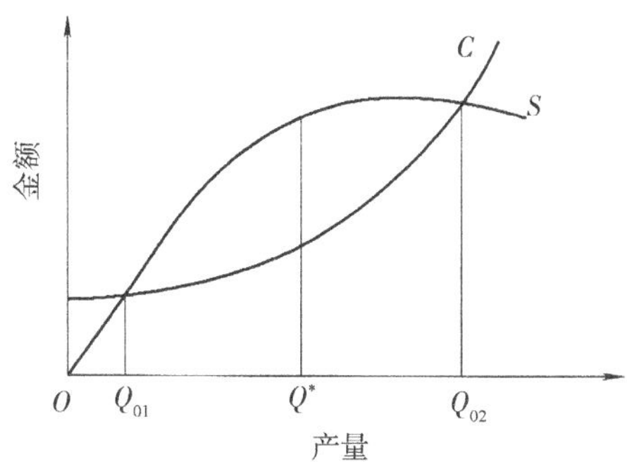

图4-5　价格随产销量变化时的量本利关系图

同理，产品年总成本与产销量之间也呈非线性关系，在企业正常产能范围内，年总成本随产销量的增加而按正常比例增加，但当产销量超过企业正常产能时，继续增加产销量将使生产运营系统超负荷运行，超负荷幅度越大则单位产品成本增幅也越大，导致年度总成本快速上升。

图4-5中，销售收入曲线S和年度总成本曲线C相交于两点，形成两个盈亏平衡点，对应的产销量分别为Q_{01}和Q_{02}。实际产销量小于Q_{01}，或大于Q_{02}都将产生亏损，两个盈亏平衡点之间存在一个销售收入与年总成本差值最大的产销量点，该点上的产销量即为最优计划产量Q^*。

3. 质量指标的确定

质量指标是指企业在计划期内产品质量和工作质量应该达到的水平标准。产品质量是指产品的性能、外观、寿命、可靠性等的指标水平；工作质量指标包括不合格品率、返修率、优等品率等。质量指标是衡量企业产品或服务满足社会需要程度、反映企业生产技术水平和管理水平的重要标志。确定质量指标时，必须综合考虑市场用户的要求、企业的生产技术水平和能力、质量成本和企业效益等要素。

质量—效益分析法以效益最大化为目标，通过分析质量、价格、成本、销售收入之间的关系，确定产品和工作的最佳质量指标水平。从销售收入角度分析，产品质量水平和工作质量水平要求越高，则生产成本越高，导致价格水平也将越高，在一定的范围内提升质量水平和价格水平将有利于提升销售收入；但质量水平超过一定水平后，随着质量水平的进一步提升，一方面将使价格有较大幅度的提升而导致销售量出现下降，另一方面对于用户来说，将出现质量水平过剩，即消费者感觉性价比下降，从而导致销售量下降，因而形成如图4-6所示的销售收入曲线S。从生产成本角度分析，在企业的正常生产技术能力和管理水平范围内，随着质量水平的提升，生产成本将按正常速度上升，但当质量水平超出企业的正常工艺技术能力和管理能力条件时，若要求进一步提升质量水平，则生产成本将加速上升，从而形成图4–6中的生产成本曲线C。

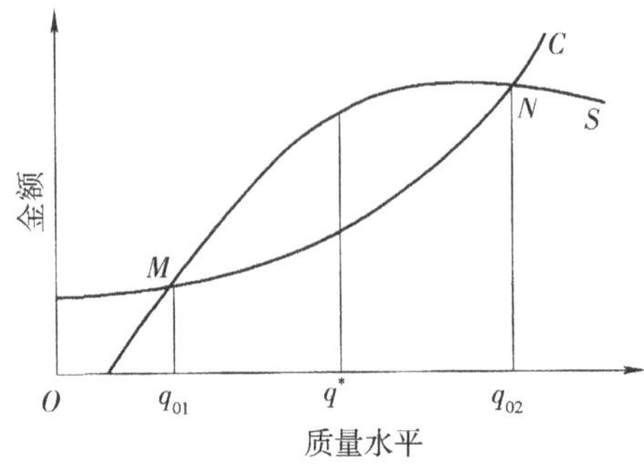

图4–6　质量指标与销售利润关系图

曲线S和曲线C相交于M、N两点，该两点为质量水平盈亏平衡点，对应的质量水平分别为q_{01}和q_{02}，低于q_{01}，或高于q_{02}的区域为亏损区，q^*为S与C差值最大对应的质量水平，若图4–6中的质量指标指的是工作质量，则q^*为最优质量水平；而当质量指标指的是产品质量指标时，则应考虑不同细分市场的需要，一般在$q^* \pm \triangle q$的范围内选择若干个质量水平档次作为质量水平指标。

四、生产运营能力计划决策

生产运营能力（产能）是指在一定的生产技术和组织条件下，在一定时期内，生产运营系统所能处理的最大业务量。企业的产能取决于生产技术和组织条件，包括设备、人员、工艺方法、外部供应、生产运营组织方式等方面。例如，服务性行业里，医院决定产能的主要因素是病床、医疗设备、医生、医药供应等；酒店决定产能的主要因素则为客房数、服务员及相关配套服务设施等。

（1）长期产能计划。长期产能计划决策是企业的战略决策。长期产能与企业对市场需求的长期预测结果相对应，时间一般为5～10年。长期产能主要考虑市场需求的趋势性变化，而忽略短期的季节性变化和随机性变化，这种趋势性变化有增长、平稳、减少三种可能。改变企业长期产能，一般通过改变厂房面积、设备、员工和生产运营模式等途径来实现，如通过扩大厂房面积、增加设备、增加员工、扩大合作伙伴规模等途径来扩大产能。调整生产运营系统的长期产能需要大量投资。

（2）中期产能计划。中期产能计划是指2～5年的产能需求计划。中期产能计划决策既要考虑市场需求的趋势性变化，也要考虑市场需求的周期性波动，中期产能需求主要通过厂房改造、设备增减、员工招聘、外协关系调整等措施来保证。中期产能与长期产能相衔接，随着时间的推移，生产运营系统的产能与市场需求偏离程度将逐步扩大，当这种偏差大于一定程度时，就有必要对系统产能做出相应的调整，使产能与市场需求的匹配度重新达到规定的水平。

（3）短期产能计划。短期产能计划一般是指一年以内的产能需求计划。它与年度生产运营计划相对应，在现有产能的基础上，考虑市场随机波动导致的需求变化幅度，通过调整生产运营系统内部产能平衡、增减临时外协、短期招聘或解聘员工、加班加点等措施，使系统产能与市场需求相匹配。

产能计划是实现生产运营计划的重要保证，同时又是制订生产运营计划的重要依据和约束条件。在确定产能计划指标时，必须对计划指标、产能、物料供应、技术支持等进行全面的综合平衡。

（一）长期产能计划决策

生产运营能力对生产运营系统的绩效指标具有重要影响。产能充足则对市场的满足程度高，但由于市场需求波动导致产能负荷不足的损失就大；相反，若产能偏紧，则产能利用率可提高，但生产运营系统处于超负荷运行状态以及出现延期交货的概率较大，因而导致生产运营成本增加。

企业长期产能计划决策包括初始产能水平、产能扩充次数和每次扩充增量。假设企业已完成长期市场需求预测，已知长期市场需求趋势为线性增长，当前市场需求和期末需求水平预测结果已知。此时，企业产能配置一步到位或扩充过于频繁都是不经济的，而应根据市场需求状况和发展趋势分阶段逐步扩充产能。企业长期产能计划决策就是在考虑长期市场需求变化趋势的基础上，确定最优的产能扩充次数和扩充增量，如图4–7和图4–8所示。

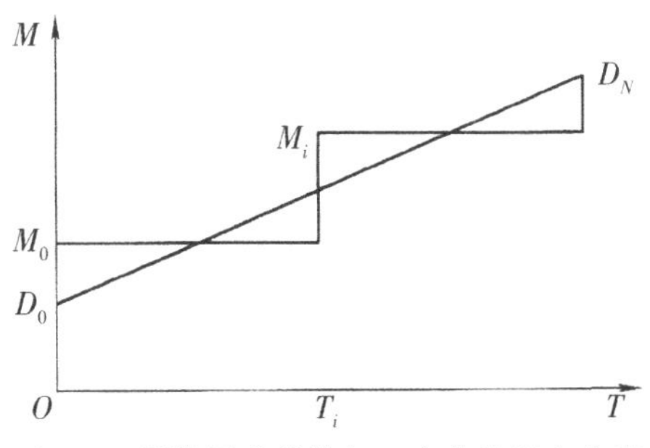

图4–7　长期需求趋势与二次产能扩充方案

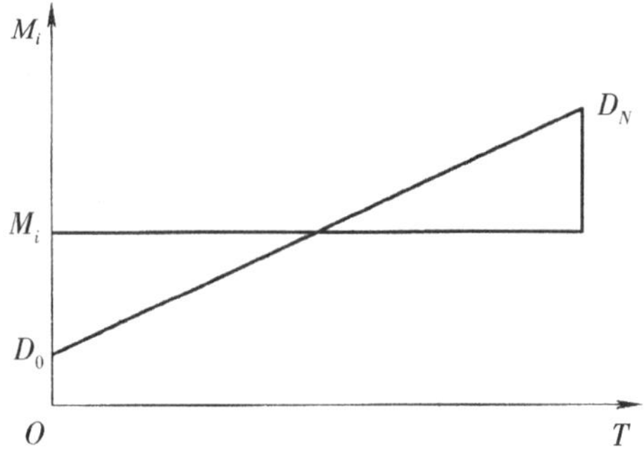

M_0—开始时段的产能；M_i—第i时段的产能；D_0—开始时段的需求规模；D_N—第i时段的需求规模

图4-8 长期需求趋势与一次产能配置方案

预测期产能扩充次数越多，则生产运营系统产能与市场需求匹配度越好，产能与需求失配损失越小，而用于生产运营系统产能扩充的投资就越大；预测期产能扩充次数越少，则产能与需求失配损失越大，而产能扩充费就越少。

1. 长期产能计划决策模型

假设产能扩充间隔期相等，则有：

$$R_i = T_i - T_{i-1} = \frac{T_N - T_0}{N}$$

式中：R_i——产能扩充间隔期，即前后相邻两次产能扩充的时间间隔；

T_i——第i时段；

T_N——预测期末（第N期）时间；

T_0——当前时间；

N——预测期内产能扩充次数。

设k_1为产能扩充间隔期内产能大于需求的时段比例，则有：

$$k_1 = \frac{M_i - D_i}{D_{i+1} - D_i}$$

式中：D_i——第i期市场需求量；

M_i——第i时段的产能配置水平。

k_2为产能扩充间隔期内产能小于需求的时段比例，则有：

$$k_2 = \frac{D_{i+1} - M_i}{D_{i+1} - D_i}$$

$$k_1 + k_2 = 1$$

c_1为产能空置损失率，即产能大于需求的单位产能，单位时间失配损失；c_2为产能不足损失率，即产能小于需求的单位产能、单位时间失配损失。k_1和k_2的取值取决于c_1 / c_2，c_1 / c_2越大，则k_1越小，而k_2则越大；反之亦然。特别地，当$c_1=c_2$时，有$k_1=k_2$。

以预测期内产能—需求失配损失最小化为目标，构建生产运营系统长期产能计划决策目标函数如下：

$$F(N)_{Min}=\mathrm{Min}\sum_{i=1}^{N}[(D_i-D_{i-1})k_1(T_i-T_{i-1})k_1c_1/2+(D_i-D_{i-1})k_2(T_i-T_{i-1})k_2c_2/2+I_i \tag{4-1}$$

式中，I_i——第i时段产能一次扩充投资额。

式（4-1）中：第一项为某时段内的产能空置损失，它等于产能大于需求的差额×产能空置期×产能空置损失率；第二项为某时段内的产能不足损失，它等于需求大于产能的差额×产能不足期×产能不足损失率；第三项为一次产能扩充投资。

为便于分析，设：

$$D_2-D_1=D_i-D_{i-1}=\cdots=D_N-D_{N-1}=\frac{D_N-D_0}{N}$$

$$T_2-T_1=T_i-T_{i-1}=\cdots=T_N-T_{N-1}=\frac{T_N-T_0}{N}$$

式中：D_N——预测期末市场需求量；

D_0——当前市场需求量。

代入式（4-1），得到：

$$F(N)_{\mathrm{Min}}=\mathrm{Min}\left\{\left[\frac{(D_N-D_0)k_1}{2N}\frac{(T_N-T_0)k_1}{N}c_1N\right]m_i\geqslant D_i+\left[\frac{(D_N-D_0)k_2}{2N}\frac{(T_N-T_0)k_2}{N}c_2N\right]D_i\geqslant m_i+NI\right\} \tag{4-2}$$

式中：I——产能一次扩充投资额。

式（4-2）经整理后得到：

$$F(N)_{\mathrm{Min}}=\mathrm{Min}\left\{\frac{(D_N-D_0)(T_N-T_0)(k_1^2c_1+k_2^2c_2)}{2N}+NI\right\} \tag{4-3}$$

设定相关参数值，可得到如图4-9所示的曲线。

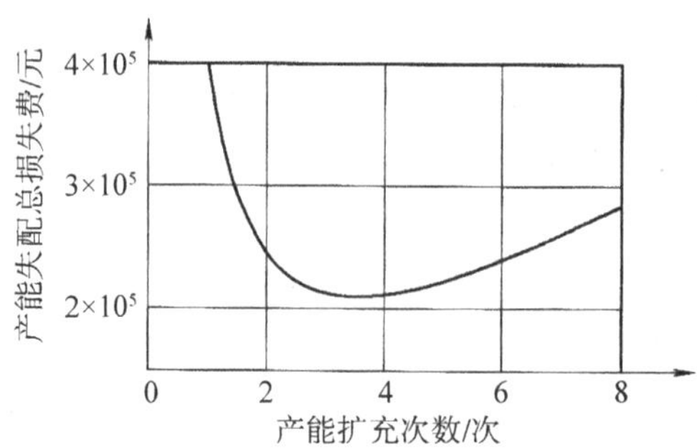

图4-9 产能扩充次数与产能失配损失关系曲线

由图4-9可见，存在着一个产能失配损失最小值对应的最优扩充次数。

以产能失配总损失最小为目标函数，求最优产能扩充次数。由式（4-3）对Ⅳ求导，并令其为0，得到最优产能扩充次数计算公式如下：

$$N^{*}=\sqrt{\frac{(D_N-D_0)(T_N-T_0)(k_1^2c_1+k_2^2c_2)}{2I}} \tag{4-4}$$

2. 应用实例

【例4-1】某乘用车制造企业根据销售量历史数据，预测2002—2012年公司乘用车产销量将逐年增长，2012年将达到30万辆，各年度产销量预测数据如图4-10所示。试分析该企业2002—2012年期间的产能最优扩充次数。

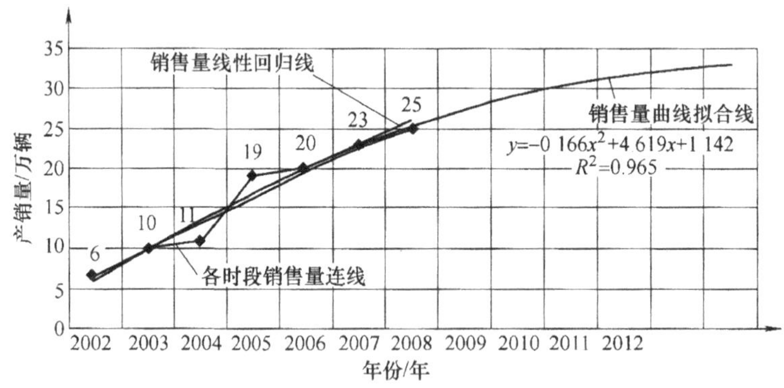

图4-10 某品牌乘用车2002—2012年产销量预测

γ-销售量曲线拟合预测值函数；R-相关系数

已知预测期末市场需求量D_N=30万辆，一次产能扩充投资，I=30000万元，c_1=5000万元/（万辆·年），c_2=8000万元/（万辆·年），

$k_1=\frac{3}{5},k_2=\frac{2}{5}$。代入式（4-4）得：

$$N^*=\sqrt{\frac{(30-6)\times(10-0)\times\left[\left(\frac{3}{5}\right)^2\times5\ 000+\left(\frac{2}{5}\right)^2\times8\ 000\right]}{2\times30\ 000}}\text{次}=3.51\text{次}$$

把N^*代入公式（4-3），计算最小产能失配损失：

$$F(N)=\frac{(D_N-D_0)(T_N-T_0)(k_1^2c_1+k_2^2c_2)}{2N}+NI$$

$$=\frac{(30-6)\times(10-0)\times\left[\left(\frac{3}{5}\right)^2\times5000+\left(\frac{2}{5}\right)^2\times8000\right]}{2\times3.51}$$

万元+3.51×30000万元 =210600万元

考虑到扩充次数应为整数，因此实际扩充次数应为4次，代入式（4-3）重新计算产能失配损失得：$F(N)$=212400万元。

上述计算结果也可以通过表算法得到，假设产能扩充次数可行方案分别为2，3，…，6，则可得到各方案的产能失配总损失见表4-11。

表4-11　产能决策损失值表

系统扩产次数／次	2	3	4*	5	6
产能空置损失／万元	108000	72000	54000	43200	36000
产能不足损失／万元	76800	51200	38400	30720	25600
扩产投资费用／万元	60000	90000	120000	150000	180000
产能失配总费用／万元	244800	213200	212400*	223920	241600

*为产能失配总损失最小的方案为扩充次数为4次，产能失配总费用为212400万元。

（二）短期产能计划决策

1. 市场需求季节性变化下的产能计划适应模式

在订单生产式和市场需求季节性波动条件下，生产运营系统的产能匹配可选如下不同模式：

（1）固定产能水平模式。即生产运营系统产能水平固定不变，当产能大于需求时，将出现产能空置损失；而当产能小于需求时，将产生机会损失。

（2）动态调整产能模式。即按市场实际需求水平，动态调整生产运营系统产能，如临时增减员工、临时租用场地和设备、增加外协等。动态调整产能需要承担较大的产能调整费用，但可以减少或避免产能空置损失，还可以较好地满足市场需求。

（3）分段调整产能模式。即按市场需求变化规律，旺季时把产能扩大到某个较高的水平，淡季时把产能缩减到某个较低的水平。这种策略是前两种策略的折中。具体选择哪种策略，可通过产能决策模型加以分析。

2. 市场需求季节性变化下的产能决策模型

【例4–2】某企业产品销售量具有季节性变化特征，企业实施订单生产式。已收集多个月的销售量变化历史数据，如图4–11所示。试以产能—需求失配损失最小化为决策目标，比较和选择产能策略。

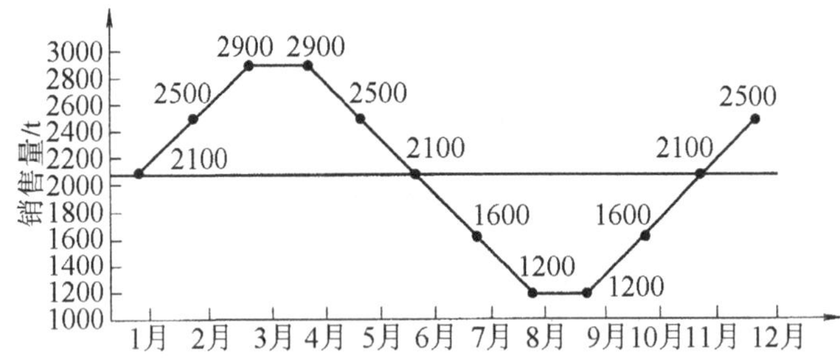

图4–11　某企业产品年销售量分布

企业不论是增加产能还是减少产能均将产生产能调整费用，如增减员工人数、短期租用场地和设备、加班加点等，短期产能调整费用取决于调整幅度和调整次数，因而产能调整费可用下列公式求得：

$$I_M=k_M(M_u-M_L) \quad (4\text{–}5)$$

式中：I_M——产能调整费；

M_u——高端产能水平；

M_L——低端产能水平；

k_M——产能调整费用率（单位产能调整成本）。

（1）固定产能水平策略。在固定产能条件下，产能一需求失配损失包括产能大于市场需求时的产能空置损失，产能小于市场需求时的机会损失、延期交货损失、客户流失损失等。构建以产能—需求失配损失最小化为目标函数的产能决策模型如下：

$$C(M_i)_{Min} = Mn\left\{\sum_{D_j = D_1}^{M_i}(M_i - D_j)k_1 + \sum_{D_j = m_i}^{M_N}(D_j - M_i)k_2\right\} \qquad (4\text{-}6)$$

式中：D_j——第j市场需求水平；

D_1——最低产能配置水平；

D_N——最高产能配置水平；

M_i——第i产能配置方案水平；

k_1——产能空置损失率；

k_2——产能不足损失率。

式（4-6）中：第一项为产能空置损失项；第二项为产能不足损失项。

设产能空置损失率k_1=600元/（t·月）；产能不足损失率k_2=1000元/（t·月）。

把图4-10中M_i、D_i数据代入式（4-6），计算各产能水平下的产能—需求失配损失值，结果见表4-12。

表4-12　产能-需求失配损失值表

产能配置方案水平M_i/（t/月）	市场需求D_j/（t/月）												总产能损失值/万元
	2100	2500	2900	2900	2500	2100	1600	1200	1200	1600	2100	2500	
1200	90	130	170	170	130	90	40	0	0	40	90	130	1080
1600	50	90	130	130	90	50	0	24	24	0	50	90	728
2100	0	40	80	80	40	0	30	54	54	30	0	40	448
2500	24	0	40	40	0	24	54	78	78	54	24	0	416
2900	48	24	0	0	24	48	78	102	102	78	48	24	576

由表4-12可知，最优产能配置水平应为2500t/月，月产能—需求失配损失值为416万元。

（2）分段调整产能策略。分段调整产能策略即旺季时把产能扩充到较高水平，淡季时把产能减少到较低水平。此时，产能配置损失包括产能调整损失和产能—需求失配损失。其计算公式如下：

$$C(M_i)_{Min} = Min\left\{\sum_{D_j=D_1}^{M_i}(Mi - Dj)k_1 + \sum_{D_j=m_i}^{D_N}(D_j - M_i)k_2 + (M_u - M_L)k_M\right\} \quad (4\text{-}7)$$

式（4-7）中：第一项为产能空置损失；第二项为产能不足损失；第三项为产能调整损失。

分别计算产能空置损失、产能不足损失和产能调整损失费如下：

1）旺季时段的最优产能配置及产能—需求失配损失。代入相应参数，计算结果见表4–13。

表4–13　需求旺季的产能配置及失配损失值

产能配置方案水平/（t/月）	市场需求/（t/月）						产能—需求失配损失值合计/万元
	2100	2500	2900	2900	2500	2100	
1200	90	130	170	170	130	90	780
1600	50	90	130	130	90	50	540
2100	0	40	80	80	40	0	240
2500	24	0	40	40	0	24	128
2900	48	24	0	0	24	48	144

由表4–13可知，需求旺季最优产能配置水平为2500t/月，月产能—需求失配损失值为128万元。

2）淡季时段的最优产能配置及产能—需求失配损失。代入相应参数，计算结果如表4–14所示。

表4–14　需求淡季的产能配置及失配损失值

产能配置方案水平/（t/月）	市场需求/（t/月）						产能—需求失配损失值合计/万元
	1600	1200	1200	1600	2100	2500	
1200	40	0	0	40	90	130	300
1600	0	24	24	0	50	90	188
2100	30	54	54	30	0	40	208
2500	54	78	78	54	24	0	288
2900	78	102	102	78	48	24	432

由表4–14可知，需求淡季最优产能配置水平为1600t/月，月产能—需求失配损失值为188万元。

3）产能调整损失费。产能调整发生在从淡季转入旺季或从旺季转入淡季时，为适应市场需求变化，产能从低位调整到高位，或从高位调整到低位。设产能调整费率k_M=1000元/t。本例实施分段调整产能方案，一年只调整一次产能，应用式（4–5）计算费用损失如下：

L_M=（M_u—M_L）k_M=（2500—1600）t×1000元/t=900000元=90万元

4）分段调整产能策略相应的总损失费用为：

$$C（M_i）=（128+188+90）万元=406万元$$

（3）动态调整产能策略。这里所说的动态调整产能就是以月为单位，根据当月客户实际订单需求量，动态地增减产能水平。动态调整产能策略可以使产能—需求失配损失达到最小，甚至可以忽略不计，但产能调整费用损失较大。产能调整损失费用计算如下：

$$C\left(M_i\right)=\sum_{i=2}^{N}\left(M_i-m_{i-1}\right)k_M=\sum_{i=2}^{N}\left(D_i-D_{i-1}\right)k_M \tag{4-8}$$

本例中，期初产能水平为2100t。产能水平呈季节性变化，最低位产能水平为1200t，最高位产能水平为2900t，此处的动态调整策略是按月调整产能，用式（4–8）计算本策略总费用损失，结果见表4–15。

表4–15　动态调整产能的成本费用

月份	1	2	3	4	5	6	7	8	9	10	11	12
市场需求/t	2100	2500	2900	2900	2500	2100	1600	1200	1200	1600	2100	2500
产能调整费/万元	40	40	40	0	40	40	50	40	0	40	50	40
总调整费/万元	420											

可见，例4–2的三种产能调整策略中，动态调整产能策略的费用为420万元；固定调整产能策略的费用为416万元；分段调整产能策略的费用为406万元；分段调整产能策略的费用最小。因此，分段调整产能为最优方案。

（三）现有生产运营能力的核算与平衡

1.生产运营能力的计算方法

生产运营系统产能计算应从基层开始自下而上进行。首先，计算各班组或设备组的产能；然后，在对各班组产能进行综合平衡的基础上，确定下一层级部门的产能；最后，再以各部门的产能为基础进行综合平衡，确定企业的产能。

以设备加工为主的生产运营系统，产能主要取决于设备或设备组条件，假定人员、物料供应等均能满足要求，计算产能主要考虑设备的数量、效率和工作时间。

以人工作业为主的生产运营系统，产能主要取决于作业人数、作业效率、有效工作时间等。因而计算产能主要按作业人数、作业效率、有效工作时间计算，场地面积一般作为约束条件考虑。

在单一品种生产条件下，生产运营能力可以用产品实物单位来表示；但在多品种生产条件下，可用班组或设备组在计划期可承担的工时或台时数来表示。用台时或工时表示产能有利于进行产能平衡。

（1）单一品种生产条件下设备组产能计算公式如下：

$$M_i = \frac{T_e S_{ei}}{t}\text{（实物单位）}$$

或

$$M_i = t_i S_{ei}\text{（工时或台时）}$$

式中：M_i——第i设备组产能；

S_{ei}——设备数；

T_e——计划期单台设备有效工作时间；

t——单件工时（台时）。

在某些情况下，生产运营系统的产能取决于生产面积，此时，产能主要决定于生产面积数、计划期生产时间、单位产品占用的生产面积和时间。以生产面积计算产能公式如下：

$$M_A = \frac{T_e A}{at}$$

式中：M_A——以生产面积计算的产能；

A——生产面积；

a——单位产品占用面积；

T_e——计划期生产时间；

t——单位产品占用面积时间。

（2）多品种生产条件下的产能核算。多品种生产条件下，为便于确定计划时进行产能与计划平衡，设备组或作业小组i的产能可用工时表示：

$$M_i = T_e S_{ei}$$

也可用实物单位表示生产运营能力，如可以采用代表产品法计算设备组或作业小组的产能，计算公式如下：

$$M_i = \frac{T_e S_{ei}}{t_{代}}$$

式中：M_i——第i设备组或第i班组产能；

$t_{代}$——代表产品的单件时间；

T_e——计划期单台设备有效工作时间；

S_{ei}——设备数或作业小组人数。

【例4-3】某设备组S_{ei}=18台，加工A、B、C、D四种产品，计划产量分别为N_A=1000台、N_R=900台、N_C=1800台、N_D=400台，产品单件时间分别为t_A=10台时、t_B=30台时、t_c=20台时、t_D=25台时，年制度工作时间为300天，两班制生产，设备停修率为10%，以产品C为代表产品。试计算该设备组的生产能力。

解：计算以代表产品C表示的设备组生产能力：

$$M_{\mathrm{i}}=\frac{T_eS_{ei}}{t_C}=\frac{300\times8\times2\times0.9\times18}{20}台=3888$$

把其他产品计划产量折算成代表产品的计划产量，并计算以代表产品C表示的计划产量任务。

$$N=\sum_{i=1}^{n}N_i\frac{t_i}{t_C}=\left(1000\times\frac{10}{20}+900\times\frac{30}{20}+1800+400\times\frac{25}{20}\right)台=4150$$

计算设备组负荷率：

$$\eta=\frac{N}{M}=\frac{4150}{3888}=1.07$$

2. 部门（或车间）生产运营能力的平衡

设部门业务流程的各个环节分别由多个设备组（班组）完成，而各个设备组（班组）的产能不相等时，就需要对各设备组（班组）进行产能平衡。针对瓶颈设备组（班组）采取负荷转移、加班加点等方法，使部门产能达到合理的水平。

【例4-4】某部门有6个班组，各班组产能如图4-12所示，现要求确定该部门的产能。图中虚线表示平均产能，02和04班组为瓶颈环节，03和05班组产能大于平均值，在允许产能转移的前提下，可考虑把03班组的多余产能转移到02班组去，而把05班组多余的产能转移至04班组去，经平衡后各班组产能基本达到平均水平，从而保证整个部门的产能达到平均水平。

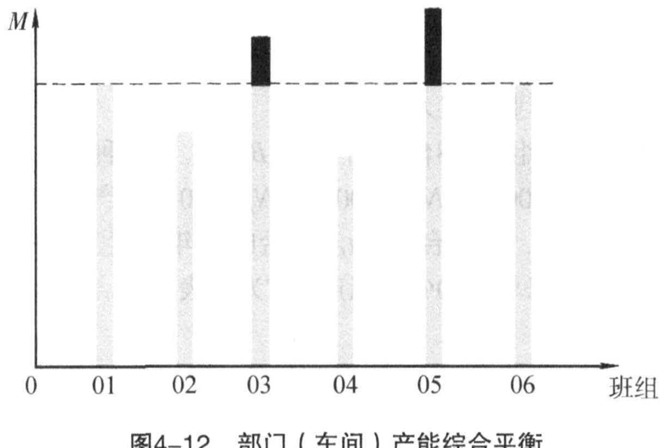

图4-12 部门（车间）产能综合平衡

在班组之间产能不能实现相互转移的情况下，可以安排02和04班组适当加班，或把02和04班组的任务外协部分出去，以补充能力不足部分，从而确保部门整体产能达到平均水平。

第四节 生产运营系统空间配置

一、选址决策

工厂选址是用科学方法决定设施的地理位置，符合企业经营目标。其基本问题有两方面，即选址（决定地域）和定址（决定位置）。

（一）工厂选址的程序及影响因素

选址决策取决于企业在供应链中的位置，企业应充分认识到自身的实力及发展潜力，在选址时要有战略眼光。

1. 选址决策的一般步骤

（1）企业选址的准备阶段。确定选址总体规划，明确目标，使选址决策能给组织带来最大化的效益；收集新建（或扩建）设施的各方面与选址有关的资料及数据。

（2）企业选址的现场勘查阶段。根据选址总体规划和影响因素初步筛选，拟订方案选择某一个地区，比较分析选择适当的地点，确定候选的目标地区；由设计单位和企业单位组成选址勘查小组，对所选址进行现场勘查和调查，收集各候选目标地区资料，确定可供选择的具体地点，并将调查结果整理成初步方案，最后将所有勘查的选址方案整理成方案汇总比较表，以便进行评选。

（3）企业选址的评选和确定方案阶段。对不同地点的方案进行比较，做出决定。对候选的企业选址方案，可从企业经济效益和社会效益、现实效益和长远利益出发，组织相关领导和专家，采用科学的定性与定量选址方法，对备选具体地点进行全面综合评价，从中选出一个最佳方案。

2. 影响因素

影响企业选址的因素有许多，需要认真加以研究。

（1）经济因素。劳动力可获性与费用（包括显性和隐性成本）、能源可获性与费用、厂址条件和费用、运输条件与费用、市场和原材料零部件的供应。

（2）政治因素。政治是否稳定，法律法规是否健全，赋税是否公平，特别注意在国外建厂需要了解更多的法律知识。

（3）社会因素。需注意宗教信仰、生活习惯、文化风俗、治安状况、文化教育水平和生活水平。还要注意居民的环境意识。

（4）自然因素。包括地理地质环境、气候条件和环境容纳度。还要考虑可扩展性。选址有难度，如选址因素相互矛盾。不同因素的相对重要性很难确定和度量。不同的决策部门利益不同，所追求的目标不同。判别的标准会随时间变化。如劳动力在过去多年都不是特别重要的因素，而近年来就显得重要。

（二）工厂选址的基本原则与要求

厂址选择是一项包括政治、经济、技术的综合性工作。必须贯彻国家建设的各项方针政策，多方案比较论证，选出投资省、建设快、运营费低、具有最佳经济效益、环境效益和社会效益的厂址。

1. 基本原则

（1）符合国家产业发展政策及市场发展趋势。

（2）企业的利润最大化。

（3）便于供应链管理，物流处于控制之中。

（4）符合所在地区、城市、乡镇总体规划布局。

（5）节约用地，符合国家现行土地管理、环境保护、水土保持等法规有关规定。

（6）有利于保护环境与景观，尽量远离风景游览区和自然保护区，不污染水源，有利于“三废”处理，并符合现行环境保护法规规定。

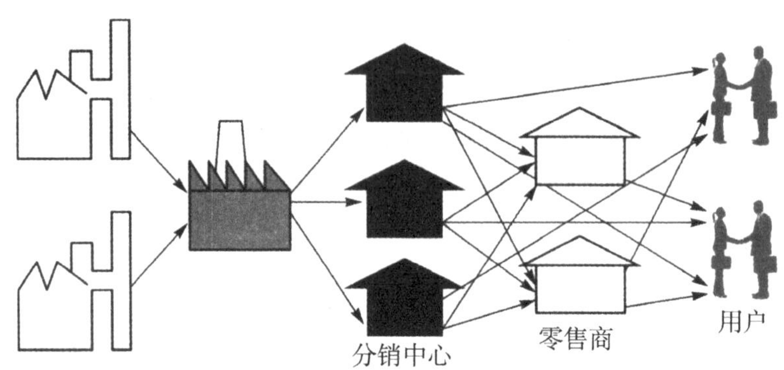

图4–13　产品制造—销售物流网络

从图4–13中可以看出，一个企业的选址决策，与供应商、消费者及其他相关因素有密切关系。从理想的目标出发，一个企业做出的选址决策应从物流系统的观点出发，就是要综合考虑所有的因素，使得物流链上的每一个结点都能达到最优。然而实际上大多数企业都只考虑很小一段，或者是没有办法影响其他企业的选址决策。结果是，选址的系统性被破坏了，成为支离破碎的离散体，这显然会影响整体竞争力。

（三）工厂选址的方法

工厂选址的方法有定量方法和定性方法，主要从定量方面介绍下面几种。

1. 分级评分法

主要是分级来确定选择对象。具体做法如下：

（1）确定权数——对影响因素的相对重要性程度打分。

（2）确定评价标尺并为各因素定级。评价标尺是为影响因素对选址的影响程度规定的一组评价等级。

（3）计算评价值——计算每因素的权数与等级得分的乘积得到评价值。

（4）计算总评分——将每个选址方案各因素的评价值汇总求和，取总评分最高者为所要选择的最佳厂址。

【例4–5】某电视机公司因业务发展需要，决定建一新厂，提出3个备选厂址，影响因素共9个，评价计算见表4–16。

表4-16　影响因素加权及得分

影响因素	权数	备选厂址		
		A	B	C
土地资源	4	2	3	
气候条件	1	1	1	2
水资源	3	4	2	3
资源供应条件	6	3	4	2
基础设施条件	7	4	3	4
市场空间	7	3	4	3
生活条件	5	4	3	2
劳动力资源	2	4	2	2
地方法规	5	4	3	2
总评分		136	126	104

得分最高为A地，可选A。目前劳动力竞争特别激烈，可适当加大权重。

2. 重心法

重心法是一种布置单个设施的方法，这种方法要考虑现有设施之间的距离和要运输的货物量。通过对新厂物流所有关联方的空间位置及其运量的分析，将根据重心原理计算出的“重心”直接作为新厂厂址。

重心法使用的公式是：

$$c_x=\frac{\sum d_{ix}\upsilon_i}{\sum\upsilon_i},c_y=\frac{\sum d_{iy}\upsilon_i}{\sum\upsilon_i}$$

式中：c_x—重心的x坐标；

c_y——重心的y坐标；

d_{ix}——第i个地点的x坐标；

d_{iy}——第i个地点的y坐标；

υ_i——运往第i个地点的货物量。

【例4-6】某公司要为物流中心的设立选择一个最适合的地点。现有三家分厂坐落在下列坐标（x，y）上：一分厂（20，45），二分厂（35，

15），三分厂（5，50）。每年各分厂的销售额为：一分厂250万元，二分厂400万元，三分厂180万元。假定运送的产品量与销售额成正比，试用重心法找出物流中心最好的坐落点。试问中心设在哪个地点最好?

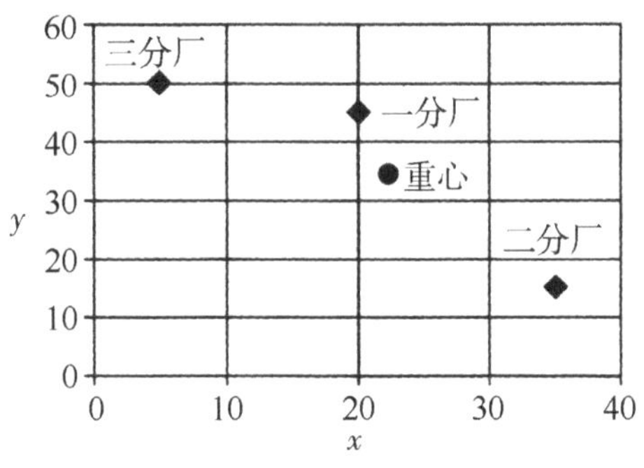

图4-14　坐标位置

解：c_x=（20×250+35×400+5×180）/（250+400+180）=23.98

c_y=（45×250+15×400+50×180）/（250+400+180）=31.63

一分厂离“重心”最近，应选一分厂。

二、工厂布置的意义和内容

厂址确定之后，就要根据产品的特征、生产类型和产品工艺流程确定工厂的组成部分及其规模大小，并在此基础上进行厂区规划，即工厂布置。

（一）工厂布置的含义和原则

工厂布置是合理组织企业生产力的一项重要工作，也是生产管理的重要内容之一。它的结果将长期影响生产的经济效益。企业为实现生产管理的任务，达到自身的目标，必须重视工厂布置。

1. 含义

工厂布置，就是对企业内的各种物质设施进行优化设计和安排，目的在于将它们按照合理的空间方式有机地结合在一起，保证工人和设备的有效运营，提高企业的经济效益。

工厂布置是生产运营系统设计的一项综合性工作，是在厂址选定和生产运营单位确定之后，对企业的生产车间、厂房建筑、机器设备、运输设施、公用设施、办公设施等物质设施所进行的空间组织。

工厂布置是对构成工厂的各个单位、各种设施与设备以及厂内运输路线等进行合理的配置，使工厂成为一个有机的系统。其基本目的是制定一个生产系统，使之能以最经济的方式生产出满足市场需求的产品。

2. 工厂布置的影响因素

大体上可分为两类因素，即物流因素和非物流因素。物流因素是指根据各部门之间物流量的大小来考虑各单位、部门之间的几何位置，即尽量把相互之间物流量大的单位靠近一些，以减少装卸搬运工作量，提高物流速度，降低物流费用。非物流因素指除物流因素以外的因素，如社会因素、地理因素、水文和地质因素以及人的意志因素等，对工厂布置所产生的影响。

3. 工厂布置的原则

工厂布置包括两项基本内容：一是工厂总平面布置，二是车间布置。前者属于厂区规划，后者指厂房内的设备、设施配置。无论是工厂总平面布置，还是车间布置，都要遵循以下基本原则：

（1）服从于生产工艺流程的需要。要求工厂的每一组成部分的位置安排能保证生产工艺流程的畅通和便利，有利于缩短生产周期和降低物流费用。例如，物料的单一流向，最小的物流距离，最少的装卸搬运次数，进出方便，通道、道路畅通等。

（2）适应于厂外运输的要求。在进行工厂平面布置时，不仅要考虑厂内运输路线的合理布置，还要研究厂内运输如何与厂外运输之间的衔接问题。要利用厂区所在地，如城市现有的运输条件，满足厂内物流的需要，避免货运路线和人流路线相交叉。

（3）节约用地，向立体空间发展。工厂要注意土地资源的节约，尽可能利用空间。

（4）有利于生产，服务于生产。围绕生产流程的顺利进行。

（5）有利于企业管理水平的提高。便于优化管理，节约成本。

（二）工厂布置的内容

工厂布置包括平面布置和立体布置，平面布置是主要内容。平面布置分为工厂总平面布置和车间平面布置两部分。

1. 工厂总平面布置

中心内容是企业的各种物质设施的布置设计，决定各生产运营单位在工厂总平面图上的相应位置和面积，决定最优工艺路线、物流流程以及厂内外运输方式和设施。

2. 车间平面布置

根据车间应承担的生产运营任务，合理确定车间内部各工段、班组、工作地等组成单位的相互位置和面积，进一步分为车间总体布置和设备（工作地）布置两个阶段。

三、设备布置

工厂总平面布置解决的是工厂各组成部分的总体布局及相互位置问题。至于各组成部门内部如何布置，则属于车间布置问题。

不同类型的企业，车间的组成部分是不一样的。一般来说，大型的生产车间由以下几部分组成：①基本生产部分。如机械加工车间的各种机床设备，炼钢车间的电炉、平炉、转炉等。②辅助生产部分。如机修组、电工组等。③仓库部分。如中间零件库、工具室等。④车间管理部分。如各管理办公室、资料室等。⑤其他部分。如休息室、更衣室、盥洗室、各类通道等。

在车间的各组成部分中，基本生产部分是主要的，特别是设备所占用的车间面积最多。所以，设备布置是否合理，将影响产品的生产周期和生产成本，影响劳动生产率的提高。

设备布置最常用的方法是利用模板和实物模型来进行布置。模板布置是采用塑料或厚纸板制成各种设备的外形，并按一定比例做出模板，然后将各种模板在平面上布置，并将生产过程中需用的所有设施也用同样的方法布置到平面图上，来寻求较优的布置方案。模板布置成本低，直观明了，易于采用，又可灵活移动。

实物模型布置是用塑料或木料等做成设备、设施的模型，按一定比例缩小后布置在平面图上。这种布置既有模板布置的种种优点，又能显示出立体形状。其缺点是制造模型的费用较高。

第五节　互联网+供应链管理

一、供应链管理概述

（一）供应链的概念

早期的观点是把供应链看成企业的一个内部过程，是指从采购、生产制造到产品分销的业务过程。传统的供应链管理局限于企业的内部操作，主要追求企业自身的利益，忽视了外部合作伙伴的利益和关系。这一方面容易造成合作伙伴企业之间的矛盾，另一方面也常常损害到供应链的整体利益，从而削弱了供应链的整体竞争力。

随着全球化竞争的发展，市场需求不断变化，市场竞争日趋激烈，企业认识到靠单一企业单打独斗的运营模式已不能适应环境的要求，因此必须从提升供应链整体竞争力的角度，把相关企业组成一个供应链整体，并以实现供应链整体效益为目标，建立有利于供应链整体高效率运作的合作伙伴关系，只有这样才能突破传统运作模式的制约。

基于新环境下对供应链的新认识，国内外学者和业界对供应链也有了新的定义："通过链中不同企业的制造、组装、分销、零售，再到最终用户的整个转换过程"。美国的史迪文斯（Stevens）把供应链定义为："通过增值过程和分销渠道控制从供应商到用户的产品流，它开始于供应的源点，结束于消费的终点"。伊文斯（Evens）对供应链的定义是："通过前馈的信息流和反馈的物料流及信息流，将供应商、制造商、分销商、零售商，直到最终用户连成一个整体的结构模式"。这些定义都强调供应链的整体性，考虑供应链所有成员运作的一致性。

现代供应链的概念更加注重核心企业的作用，如核心企业与供应商、供应商的供应商以及一切前向的关系，与用户、用户的用户及一切后向的关系，如图4-15所示，把供应链看成一个网链的结构。例如，丰田、耐克、尼桑、麦当劳和苹果公司的供应链管理都是从网链的角度来实施的。现代供应链运营管理强调建立战略伙伴关系，通过建立和维护战略伙伴关系，达到提升供应链效率和竞争力的目的。

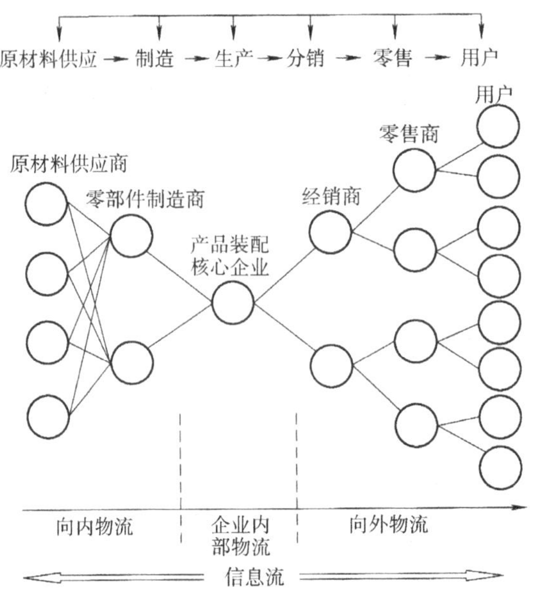

图4-15 供应链网链结构模型

从图4-15中可以看到，供应链由所有合作伙伴企业组成，它涵盖了从供应商的供应商到用户的用户之间有关最终产品或服务的形成和交付的一切业务活动。在需求信息的驱动下，供应链中的节点企业通过职能分工与协同合作，以物流、信息流和资金流为媒介实现整个供应链的不断增值。

《中华人民共和国国家标准物流术语》对供应链的定义为："生产及流通过程中，涉及将产品或服务提供给最终用户活动的上游与下游企业，所形成的网链结构。"供应链的定义反映了供应链构成的形式与活动内容。这种功能关系、流程关系、企业关系等所形成的网链结构，不仅反映了供应链的形式，更重要的是反映了供应链管理所要研究的对象和内容。

（二）供应链管理的概念及其基本特征

1. 供应链管理的概念

供应链管理（Supply Chain Management，SCM）是围绕供应商与用户之间的物料流、信息流和资金流所进行的计划、组织、协调与控制过程。供应链管理运用系统集成的思想，从供应链系统整体优化入手，寻求企业间优势资源的互补性组合，将供应链上的制造商、供应商、销售商、服务提供商的活动形成有机整体，优化整体业务流程，最大限度地减少或消除过剩库存与缺货损失，加快产品研发与供货速度，实现敏捷柔性的生产、供应过程。供应链管理的目标在于提高用户的服务水平和降低总的交易成本，并且寻求两者之间的平衡。供应链管理的基本思想可归纳为以下几点：

（1）系统集成的理念。这是供应链管理最为关键之处，不是仅由节点企业、技术方法和资源的简单连接，而是系统集成和协同的理念，通过优势资源的集成和互补，达到一加一大于二的效果。

（2）系统整体优化思想。传统上，企业是独立法人单位，注重自身的利益是由企业的性质决定的。现代供应链管理强调供应链的整体目标和利益，整体利益决定了各结点企业的利益，离开整体利益追求单个企业利益是难以为继的，因此，必须在整体优化的前提下，寻求自身的优化。

（3）信息与知识共享思想。供应链管理要求改变以往企业之间信息封闭的状态，建立相互高度互信的关系，实行生产、技术、市场等信息的共享，最大限度地减少供应链中的信息扭曲现象，以此为基础构筑企业之间的有效合作。

（4）竞争与合作并存理念。供应链管理强调节点企业协同合作，在技术研发、物料供应、加工制造、市场营销、经营管理等方面既竞争又合作，通过优势互补，形成一种竞争力更强的运作系统。

2. 供应链管理的基本特征

供应链管理最突出的特点是多个相互独立的、作为利益主体的企业之间的联盟，这种联盟不是通过资金结合而成的，而是通过各企业在管理、技术、市场等方面的竞争性优势组合实现的。与传统的管理模式相比，供应链管理具有以下特征：

（1）虚拟企业的组织形式。供应链并不是某种正式的组织，如企业集团等，而是依据企业的特长，在信息技术的基础上，结成的一种合作伙伴关系。这种关系不是固定不变的，而是随合作项目的变化而动态地变化。因此，供应链组织是一种动态的联盟，是在一定时间内，基于一定的共同目标、利益而结成的虚拟性组织，这种组织也称为虚拟企业。虚拟企业具有较高的柔性，能随着市场的变化而迅速地做出调整，使产品能快速地满足市场的需求。

（2）企业间的流程整合与优化。供应链管理依据价值（成本）分析原理，对供应链流程进行整合与优化。其具体表现为：①在时间上，采用延迟制造技术；②在生产数量上，按订单生产；③在空间优化上，采用敏捷制造的概念，主要考虑产品的研发、生产周期短，制造、运输及库存成本低，供货及时等。

（3）具有适时处理功能的计划、控制系统。供应链管理的核心在于计划和协同功能，它是一种建立在市场需求拉动上的生产运作方式，因此，必须更精确地掌握需求信息和快速地推算交货期。供应链管理的计划系统是以约束理论为基础，综合现代运筹学和人工智能技术来解决生产日程计划和交货期决策问题的。

二、供应链合作伙伴关系

（一）供应链合作伙伴关系概述

1.供应链合作伙伴关系的定义

供应链管理的关键在于从系统整体利益角度考虑，强调战略合作伙伴关系，从而实现合作伙伴之间高效率的协同合作，以获得强大的竞争优势。例如，通用汽车（GM）、雀巢（Nestle）等制造商，沃尔玛（Wal-Mart）、家乐福（Carefour）等零售商，均是通过新的合作模式取得成功的典范。建立供应链战略合作伙伴关系的作用在于提高供应链整体运行效率、降低供应链运行成本，从而获得竞争优势。

建立和维护供应链战略合作伙伴关系，有赖于合作伙伴之间的信息共享、风险共担、利益合理分享。供应链管理要求链内各节点企业改变传统的生产运营管理理念和模式，要从供应链整体利益考虑，建立长期的、稳定的、高度互信的合作关系，在这种关系的支配下，实现供应链的高效率运作。

2. 建立供应链合作关系的意义

供应链合作伙伴关系的建立将给合作各方都带来利益。具体表现为，良好的合作关系有助于降低供应链成本和库存水平，增强信息共享，并且保持战略合作伙伴之间操作的一致性，改善相互之间的沟通与交流，从而创造更大的竞争优势。

（1）减少供应链上的不确定性，降低库存水平。企业间合作伙伴关系的建立，可以通过信息的及时传递和沟通，使企业之间的许多不确定因素变得明确起来，从而提高预测的准确性，合理安排采购与生产，降低库存水平，节省费用。

（2）快速响应市场。制造商通过与供应商建立合作伙伴关系，可以充分利用供应商的专长，将大量自己不擅长的零部件设计和生产任务通过外包的方式交给擅长于此的企业来完成，自己则把精力集中于自身核心业务的发展。这样，企业可以迅速开展新产品的设计和制造，从而使新产品响应市场的时间明显缩短。

（3）加强企业的核心竞争力。供应链的合作伙伴关系还能够使企业更好地发展核心竞争力，提高市场竞争优势。企业的核心竞争力关键在于其独特性，这种独特性不易被模仿，具有领先性和超前性。通过供应链的战略合作伙伴关系，企业可以将非核心业务交由供应链上的其他以此为核心竞争力的伙伴来运作，从而在共同的目标下联合起来，共享信息，降低整个成本并分担风险，共享利益。

（4）提高用户满意度。供应链合作伙伴关系建立之后，供应链上的各个成员为了共同的目标进行协同合作。制造商会考虑向供应商投资，或者提供知识技术等方面的支持，提高产品质量；而供应商也会考虑降低价格，扩大规模。供应商、制造商、分销商齐心协力，从而使最终用户获得满意的产品和服务，提高用户的满意度。

3. 建立供应链合作伙伴关系的驱动力

企业运营环境复杂多变，竞争日趋激烈，而单一企业的能力和资源有限，如何更有效地适应市场竞争，求得生存和发展？供应链运营模式提供了一个突破传统运营模式制约的有效途径。供应链管理者通过合作伙伴的选择和组织，实现优势资源的集成和互补，从而获得单一企业难以获得的竞争优势。建立合作伙伴关系有利于提升供应链整体效率、降低运营成本、缩短产品研发周期、加速市场响应速度。其主要的驱动力包括：构建核心竞争力、满足顾客期望、实施外包战略。其中，构建核心竞争力是企业保持和发展自身优势的内在驱动力，满足顾客期望是伙伴关系得以产生的外部压力，实施外包战略是优势继承和互补的重要模式。

（1）构建核心竞争力。核心竞争力是企业技术、产品、管理、文化的综合优势在市场上的反映，它建立在企业核心资源的基础之上，是一个组织内部在自己所从事的生产和服务中具有的一系列互补的技能和知识的结合。供应链最大的特点是实现资源共享、优势互补，从而增强整个供应链的竞争力。供应链中各节点企业通过建立合作伙伴关系，在非优势领域取得优势地位，在核心领域可以专心致志，以取得更大的竞争优势地位。所以，供应链伙伴关系既是保持和增强自身核心竞争力的需要，也是企业在其他领域利用其他企业核心竞争力获取优势地位的手段。

（2）满足顾客期望。顾客需求是企业生产的驱动力，生产的产品只有到达顾客手中，才真正实现了其价值。对终端市场需求的关注是供应链所有成员的首要任务。随着市场需求的个性化、多样化的发展，要求企业对顾客期望具有更快速的响应能力，包括个性化的产品设计、更多的产品选择范围、优异的质量和可靠性、快速满足顾客期望和高水平的顾客服务等。单一企业难以满足快速变化和发展的顾客期望，建立供应链合作伙伴关系有利于提升这种适应顾客期望变化的能力。

（3）实施外包战略。任何一家企业都不可能全方位占有优势，在企业资源有限的条件下，为保持企业核心竞争力，就必须集中企业资源，专注于发展自身的优势，而把企业非优势业务外包出去，交由在相应领域具有更大优势的企业来完成。通过业务外包取得本企业难以实现的优势，前提是与承包企业建立起高度互信的战略合作伙伴关系，只有这样才能达到优势互补、协同合作的效果。外包可使企业集中资源发展自身的核心竞争力，同时取得合作伙伴的优势，从而使企业取得单一企业难以实现的绝对优势。

（二）影响供应链内企业合作关系的因素

1. 企业高层的合作意愿

良好的供应链关系首先必须得到最高管理层的支持，只有企业高层领导充分认识到建立合作伙伴关系的必要性和重要性，才能产生建立合作伙伴关系的意愿，企业之间才能建立和保持良好的互信关系，进而才能实现密切有效的合作。必须指出，这里所说的合作并非仅仅指短期的商业买卖关系，而是放眼未来的、长期的、捆绑式的战略合作伙伴关系，若高层缺乏战略的眼光，过分注重短期利益，则基于供应链的有效合作关系就很难建立起来。

2. 企业战略和企业文化

在战略分析阶段，需要相互了解企业结构和企业文化，在此基础上，按照整体供应链竞争的要求，明确供应链整体运作目标和战略，解决经营理念和合作期望之间的差异和障碍，调整企业文化、优化组织结构和业务流程，进而在合作伙伴之间建立有利于开展合作的运作模式，以构建高效率的供应链运作体系。

3.合作伙伴的能力和兼容性

在合作伙伴的评价和选择阶段，必须根据供应链运作的特点和要求，明确选择和评价合作伙伴的相关指标，从中确定评价指标最优的合作伙伴，这些指标包括产能水平、研发能力、质量水平、管理能力、地理位置、成本和利润等。兼容性主要体现在经营理念和价值观、运作模式、信息系统、财务体系、发展战略等方面。这些要素是影响合作关系成功与否的关键。

4. 合作双方的相互信任关系

在供应链合作伙伴关系建立的实质阶段，需要进行期望和需求分析，目标一致才可能开展供应链运行的有效合作。而相互信任的前提是加强信息沟通，按照利益共享、风险共担的原则，开展各项有效的合作。缺乏相互信任的伙伴关系是导致供应链运作效率低下、竞争力不强的主要原因。

（三）供应链合作伙伴的选择

供应链合作伙伴的选择是决定供应链运作能否取得成功的第一步。合作伙伴的评价与选择是供应链合作关系运行的基础。传统的企业间是短期的、不稳定的买卖关系，关注的是自身利益。而按供应链运作的要求，节点企业之间要建立战略合作伙伴关系，重点在于供应链的整体效益，在追求并取得整体效益的基础上，进行利益的合理共享。因此，在合作伙伴的选择上，评价标准就必须按构建供应链整体优势和竞争力的角度，分别从研发能力、生产和技术能力、管理能力、竞争地位、发展潜力、合作意愿等多个方面进行综合评价。

选择合作伙伴的方法较多，以供应商选择为例，目前较常用的方法如下：

1. 经验判断法

经验判断法是根据征询和调查供应商在技术、生产、信誉等方面的资料和数据，对其进行分析、评价，进而做出判断和选择的一种方法。该过程可以由生产、技术、管理人员组成一个评价小组，评价小组成员在对资料和数据进行详细分析的基础上做出决策。

2. 招投标选择法

当采购数量大、潜在选择对象较多时，可采用招投标选择法。它是由需求方提出招标条件，并发出投标邀请函，进而组织各潜在供应商进行竞标，然后由企业选择综合条件最优的竞标者作为合作伙伴。

3. 综合评价法

这个方法首先需要确定合作伙伴选择评价指标体系，并确定各项指标的重要性权重；然后对备选对象的各项指标状况进行分析和评分，根据各指标得分结果计算加权分；最后选择加权评分最高的企业为合作伙伴。

三、“互联网+”时代下，供应链管理新模式

互联网不仅深刻改变了消费习惯，还催生出商业模式和管理方式的变革，对传统企业形成冲击。从供应链管理的角度来看，传统的工业化思维是批量生产，追求低成本运作，再从不同的渠道影响终端消费者；而互联网技术倒逼迫企业从B2B模式向C2B的个性化模式转变。供应链逐渐将需求驱动的概念，扩展为如何与客户互动，做到深入地理解并服务客户。

（一）互联网化的供应商关系管理

企业与供应商之间形成了互动的关系。首先，依据互联网化的供应商关系管理对企业的需求产品和供应商进行界定；其次，明确对供应商的信息化标准要求和双方信息沟通标准，特别关注关键性材料资源供应商的信息化设施和平台情况。传统的供应商遴选标准+分类信息标准是E化供应商关系管理的基础。

（二）互联网化的生产管理

从生产过程看，通过利用互联网，工业企业生产分工更加专业和深入，协同制造成为重要的生产模式。平台化的组织方式有利于促进机器运行、车间配送、企业生产、市场需求之间的实时信息交互，使得原材料供应、零部件生产、产品组装等变得更加精准协同。除原有的产能、质量、交货等条件外，增添对其生产计划管理系统和信息基础建设的选择标准，保证日后便于开展互联网化运行和监控，即时响应市场、需求的变动。

（三）互联网化的库存管理

库存问题成为众多企业的焦点问题之一。利用互联网平台的采购模式，都必然有全面的数据库作为支持。企业领导人可以方便了解每一种产品的价格、数量、库存情况，订单的执行情况，资金的使用情况以及供应商情况等各种信息，能够对采购过程中出现的问题，快速反应。在互联网模式下进行采购，企业与供应商的信息沟通更加方便、准确、及时。交易双方可以随时了解对方需求，也可以在第一时间与对方分享采购信息。所以，供应商便可快速响应企业需求，企业则可实现准时化采购，实现由“为库存而采购”转变为“为订单而采购”。

（四）互联网化的物流运输

随着电子商务规模化爆发式增长，传统物流模式成为阻碍供应链短平快价值转换的罪魁祸首。平台化物流是提供通关、金融、物流、退税、服务等全球化综合供应链服务。这种模式会逐渐挤压掉传统零售购物商城、仓储式大卖场模式，随着个体消费体验的改善和新生活习惯的演变，未来能够提供综合物流服务的平台将逐步替代传统的仓储、配送中心、商品集散地、百货购物中心。

（五）互联网化的需求预测

发展为互联网化的企业，必然面对全球性的客户和竞争，必须对市场变动、需求预测进行作相应的变革。大数据将依托互联网搜索引擎，社交媒体用户信息，结合位置LBS服务，将客户的真实需求进行预测，提供供应链更加真实合理的需求。这与传统的商业智能（Business Intelligema，BI）有本质的不同，不仅对量化的数据统计分析，也对非结构化的数据进行追踪，利用语义数据进行文本分析、机器学习和同义词挖掘等，实现真正意义上的知识管理。

第五章　生产运营控制和现场管理

生产运营控制和现场管理是生产运营管理过程中，非常重要的一环。一旦计划制订出来，就要根据生产运营计划规定的各个项目进行生产运营。但是，生产运营计划订得再详细，随着时间的推移、市场需求的变化，以及诸如生产设备不到位、生产现场事故等意外情况的出现，都可能使计划与实际产生差距。这时，就显示出生产运营控制和现场管理的重要性了，本章将重点阐述生产运营控制与现场管理的内容。

第一节　生产运营控制

一、生产运营控制的任务

生产运营控制就是对生产运营计划实施过程进行监督、检查，发现执行中已出现和可能出现的偏差，并通过调度防止和纠正上述偏差，以保证计划的圆满实现。

图5-1是生产运营控制与其他活动的关联图。

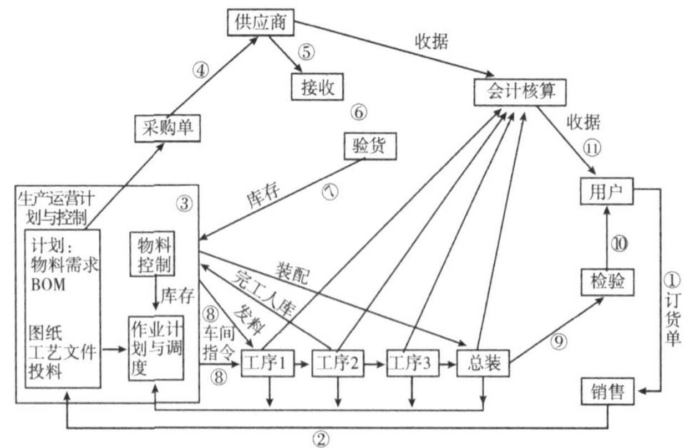

图5-1　生产运营控制与其他活动关联图

从图5–1可看出，带有圆圈的数字表示从根据用户签订订单开始，到制订生产运营计划、生产运营作业计划、进行生产及控制，最终把产品及收据交到用户手中的全过程。订货单是基础，生产运营计划、生产运营作业计划和生产运营控制是中心。生产运营计划、生产运营作业计划事先安排了各项工作内容，生产运营控制则根据各项工作开展后反馈的信息，对运转状态加以评价，并做出反应和具体指令，调整有关工作，达到计划目标的实现。

生产运营控制基本程序见图5–2。

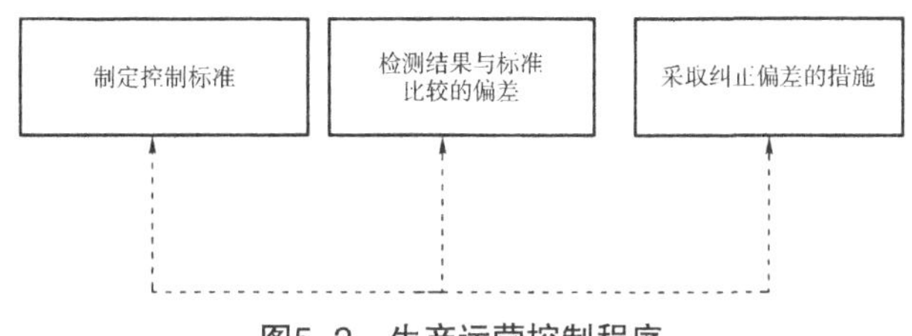

图5–2　生产运营控制程序

这里必须强调几点：

（1）要全面收集包括各种生产运营计划、作业计划、期量标准、各种定额等在内的资料数据。

（2）要准确、合理地制定标准，并能作为比较参照物。

（3）要及时认真地收集信息，为进行比较提供依据。

（4）制定的纠偏措施要切实可行，讲求有效性。

（5）控制系统要有权威性，下达的纠偏措施要能令行禁止，上下贯通，责任到人，落实到岗，坚决执行。

（6）生产运营控制与信息关系紧密，要充分发挥信息的作用。

图5–3为生产运营控制与信息反馈图。

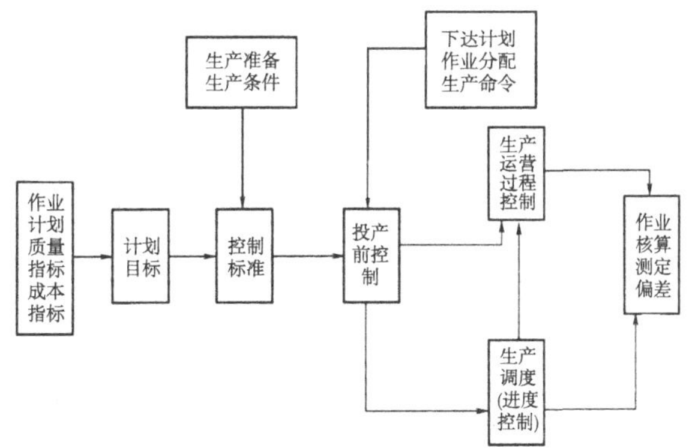

图5–3　生产运营控制与信息反馈

二、进度控制

（一）投产前控制

投产前控制主要包括如下工作：

1. 投产前准备工作

投产前准备工作包括如下：

（1）检查技术文件的准备工作和供应情况。技术文件主要有工艺文件、图纸等，这是进行生产的依据之一。技术文件齐备，及时服务于生产。

（2）检查设备、工艺装备的准备情况及所处状态是否符合生产要求。设备、工艺装备是生产手段。

（3）检查劳动组织的配备情况。劳动组织必须符合生产工艺的需要，在人员数量、技术水平、组织形式等方面达到要求。

（4）检查物资、动力的供应情况。从时间、数量、质量等方面检查其保证情况，一定要落实。

（5）检查在制品、半成品的储备情况。依据在制品、半成品储备定额，检查在制品、半成品的实际库存量，缺了要及时补上。

（6）检查生产现场环境。道路要通畅，通风照明要符合要求，如有尘毒危害，必须有防治措施，要在一个安全、文明的条件下进行生产。

（7）检查控制生产的管理组织情况。要检查组织是否适当，人员是否得力，信息收集、整理是否及时、有效、坚决果断、有力等。

2. 控制投产计划

控制投产计划包括如下：

（1）对生产作业计划进行复查。复查生产作业计划中各项指标之间、班组之间在生产上能否在时间、品种、数量上达到衔接平衡；复查期量标准是否确定得合理，符合实际；复查计划的编制方法是否得当，数据是否真实可靠，单位是否统一，前后不发生矛盾和冲突。

（2）根据反馈信息来控制和调整计划。根据目前情况以及收集的信息，掌握客观情况的变化，对计划月份的生产作业计划做出调整。

3. 下达投产指令

不同类型的车间、班组，下达的投产指令不同。大量或定期成批生产、流水线生产的班组，一般下达出产进度日（轮班）计划任务或标准计划。多品种不定期成批生产、单件小批生产班组下达投产指令主要有三种形式：

（1）加工路线单。典型的加工路线单见表5–1。

表5–1 加工路线单（生产跟单）

发出库：____编号：____年____月____日

名称	图号	规格	发出数	发出人	用料部门	领料人

车间跟单

月	日	操作工	交接数	交接完成数	废品数	合格率	检验员	下一工序接受验证

母单消核

月	日	入库数	库验收入	废品数	车间剩余数	利用率	车间核算人	发出库消单人

加工路线单是一种原始凭证，它记录了每批零件从投料开始，到经过每道工序的加工及检验，直至成品入库为止的生产过程。每道工序依此指令组织生产。加工路线单形式多样。其优点是把每批零件的加工情况、要求都写在一张表上，大大减少了单据数量，使工作简便易行，一表多用；使用同一张表，可以使领料、加工数、合格数、废品数、入库数相互连接，前后一致，保证不出差错；加工路线单使用一张，保证了加工顺序及加工工艺规程的一致性，这样执行工艺纪律是同一口径、一个要求，做起来比较顺畅，从而保证了加工质量；一批零件用一个加工路线单，也有利于使用期量标准。

（2）单工序工票，以加工工序为单位下达指令，它的常见形式见表5–2。

表5–2 单工序工票

产品编号	件号	件名	序号	序名	单件定额	每台件数	投入件数	
							当批	累计

日期	班次	工作者姓名	加工时间			完成		检查结果						备注
			起	止	工时	件数	工时定额	合格	回用	退修	工废	料废	检验员	

单工序工票同加工路线单相比仅下一个工序指令，所以有人把加工路线单称为长票，将单工序工票称为短票。单工序工票一个工序开一张，它用起来比较灵活，缺点是数量多，不便统计。在一道工序加工完后，零件交送验收，检验人员在工票上记录有关事项，工票返回到计划调度人员手中，计划调度人员再为下道工序开出新的工票。

（3）以台及生产者为单位，下达指令。表5-3为操作者个人工票。

表5-3　操作者个人工票

操作者	加工产品图号			
加工产品名称	单位	加工数量	工时定额	完成定额工时

使用加工路线单和单工序工票形式下达生产指令，还可以利用“任务分配箱”的形式进行生产控制，特别是对于单件、成批生产的情况，用“任务分配箱”控制投入是十分有效的。

（二）生产运营过程控制

生产运营过程控制是产品投产以后的控制。它包括如下方面：

（1）生产进度的动态控制，主要体现在某一时刻，以各生产环节在制品、半成品的品种、数量的大小，与计划的偏差来调整和控制。

（2）生产进度的动态控制是从生产的时间进度或时间序列纵向去分析比较，以控制生产进度的方法。它的主要依据是生产作业凭证、作业核算、作业统计、作业分析等。

生产作业凭证包括：加工路线单、单工序工票、操作者工票、轮班生产记录、工序写作单等。除此之外，还要做作业统计台账等。生产进度的动态控制包括：投入进度控制、出产进度控制。

对于投入进度控制，不同类型的控制方法不同。如大批大量生产，按照加工路线单和作业核算资料同生产作业计划比较进行控制，包括各个环节的日进度和累计进度控制。单件小批或成批生产类型，控制比较复杂，一方面要控制投入的品种、批量和成套性；另一方面要控制投入提前期，使每一种产品的各个零部件都按规定的投入提前期、生产周期、生产间隔期投产。

第二节 库存管理控制

生产运营系统库存是指生产运营系统运行过程中处于加工（处理）、储存、运输、等待等状态的物料（或产品）。合理的库存是保证生产运营系统正常运行的必要条件，然而库存也占用大量的资金、生产场地或库房面积，需配备保管和搬运人员，产生库存消耗，成品库存还存在一定的市场风险。无论是制造业还是服务业生产运营系统，库存管理都是它的一个非常重要的职能。库存管理的目的就是在满足生产运营系统正常运行需要的条件下，使库存量最小、库存相关费用最小。

一、库存概述

（一）库存的定义

由于需求和供应方在生产模式、时间、空间和速度方面存在差异，因而必须设置库存以消除或减小这种差异带来的影响。所谓库存，是指存在于生产运营系统运行过程各环节的物料存储，包括原材料、辅助材料、零配件、在制品和产成品。合理的库存是生产运营系统正常运行的必要条件，然而由于种种原因，实际生产运营系统库存中也存在不少不合理的库存。库存需占用时间、空间和资金，耗费人力和物力，增加生产运营系统的运行成本，因此，如何科学地管理库存，确保在满足生产运营过程需要的前提下，最大限度地降低与库存相关的费用，是本节主要研究的问题。

（二）库存的作用

库存的作用类似于楼房顶层的蓄水池的作用，池水的高度代表库存，流进池里水的速度相当于供应速度，池里流出水的速度代表需求速度。流进（供应）速度大于流出（需求）速度时，池里水的高度（库存）将增加，流进（供应）速度小于流出（需求）速度时，池里水的高度（库存）就会减少。外部供水水压是波动的、不稳定的，白天用水高峰期，流进水池的水流速度变小；晚上用水低谷期，流进水池的水流速度加大。此外，同栋楼住户在不同时段的用水需求也不均衡，导致水压不稳定而影响供水。在楼房顶层配置蓄水池后，楼房住户就能得到稳定的水供应，可见蓄水池起到了平滑外部供水波动、满足用水不均衡的作用。还有，当供水厂或管路出现意外故障，外部供水突然中断时，靠楼顶蓄水池的水也可维持一段时间的供水，从而避免因短期供水故障直接导致居民用水中断。

（三）库存的分类

生产运营过程是将原材料等资源转化为产成品的过程，生产运营系统按预定的工艺流程，源源不断地把各种原材料、零部件等物料转换成产成品。而对于不少服务业来说，则需在提供服务的同时配套提供有形产品，或者以有形产品为载体提供相应的服务。生产运营系统处理和储存的物料种类很多，为便于分类管理，有必要对库存进行适当的分类。

1. 根据物质形态分类

（1）原材料库存。原材料库存是指企业向供应商采购回来用于生产产品所需的主要材料库存。原材料通过生产运营系统制造过程被转换成产成品，即构成产成品的实体。

（2）在制品库存。在制品库存是指已投入生产，处于加工、检验、运输、等待过程的半成品库存。

（3）产成品库存。产成品库存是指已完成生产运营过程，可交付市场或客户的成品库存。

2. 根据需求重复性分类

（1）单周期需求库存。单周期需求库存是指满足需求仅发生在比较短的一个周期内的需求库存。单周期需求库存一般由产品本身特性或市场需求特性所决定的，如产品具有较短的保鲜期或有效期，不能跨期储存和销售（如月饼、蔬菜等）；或产品本身具有时效性，不能跨期消费和销售（如奥运纪念品、挂历、报纸杂志等）。

（2）多周期需求库存。多周期需求库存是指物料可在较长时期的多个周期内消费和储存的物品的库存。库存物料可跨周期储存和销售，不影响物料的正常使用。如工厂生产用原材料、零配件，商业企业日用品、家电等产品。

值得注意的是，当产品具有较强的时尚性时，如时装、鞋帽、书包、流行电器等产品，则这些产品的库存管理策略往往倾向于采用单周期库存管理模式。

3. 根据需求可控性分类

（1）独立需求库存。来自市场客户的产品和服务需求为独立需求。独立需求的特点是需求对象和数量不稳定，一般只能通过预测方法估计；独立需求受外部环境因素的影响大，而独立需求库存的数量和控制模式，对于满足市场需求、确保生产运营系统正常运行均具有重要的意义。

（2）相关需求库存。相关需求是指企业内部物料转化过程各环节之间所发生的需求，也是由独立需求而产生的需求。它可根据独立需求数量和产品结构而精确地计算出来。相关需求库存由独立需求的数量和时间决定，相关需求库存管理将对生产运营系统正常运行产生重要影响。

4. 根据物料库存功能分类

（1）周转库存。周转库存是指由于生产运营系统运行过程各环节之间在时间、空间、批量和速度等方面的差异而产生的库存，周转库存量取决于订货批量。

【例5-1】某产品每天销售20单位，订货提前期为10天，试分析订货批量分别为600单位、400单位、200单位时的周转库存变化。

订货批量为600单位、400单位、200单位时的周转库存变化如图5-4至图5-6所示。

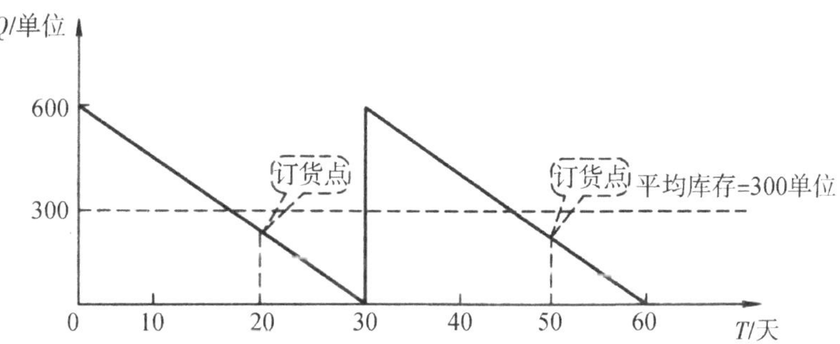

图5-4　批量为600单位时的周转库存量变化

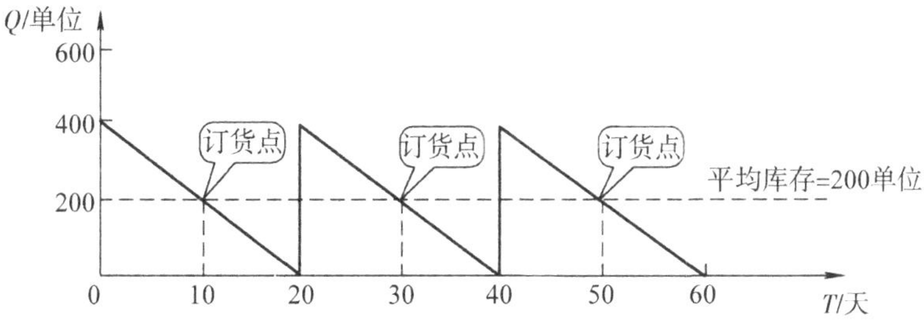

图5-5　批量为400单位时的周转库存变化

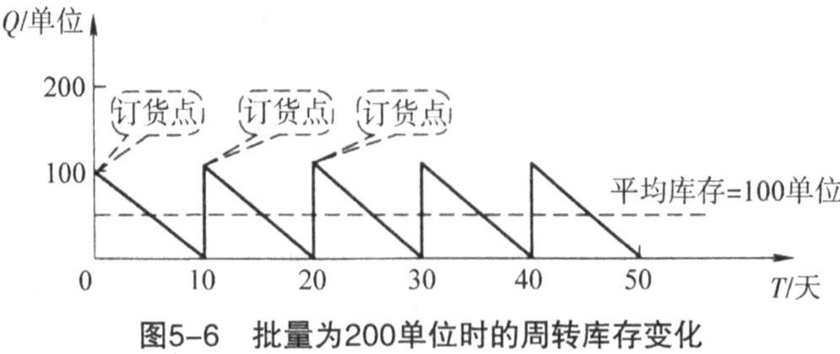

图5-6　批量为200单位时的周转库存变化

从图5-4至图5-6由此可知，订购批量越小，则平均周转库存量越小，但订货频度越高，因而订货总成本也越高。库存管理的一项重要内容就是要确定总库存费用最小化的订货批量，即经济订货批量。

（2）保险库存。保险库存又称安全库存，是指为了应对不确定性因素的影响，而配置的保险库存量。例如，在订货提前期的需求速度增加、供应期延误等特殊原因都将导致库存供应脱节，为此必须配置一定量的保险库存。保险库存量越大，出现缺货的可能性越小；但保险库存过大，会导致库存总量的增加，从而增加库存成本。

图5-7至图5-9表示的就是例5-1中当需求速度变化、订货提前期变化，以及这两类变化同时发生时对保险库存量的需求。

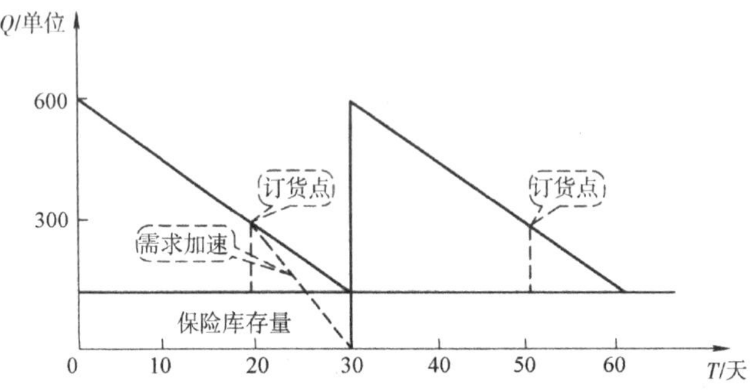

图5-7　应对需求速度加快需要的保险库存量

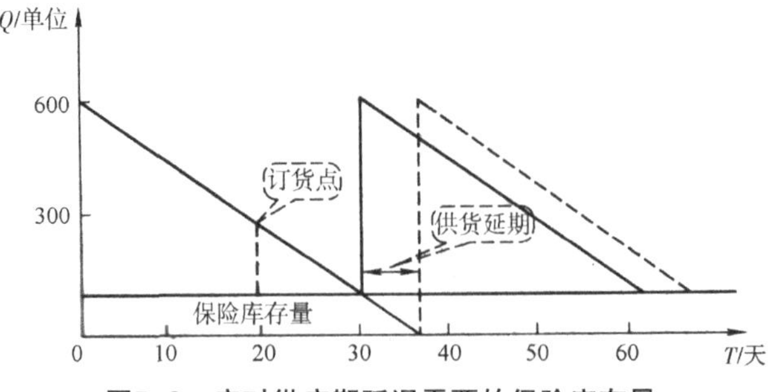

图5-8　应对供应期延误需要的保险库存量

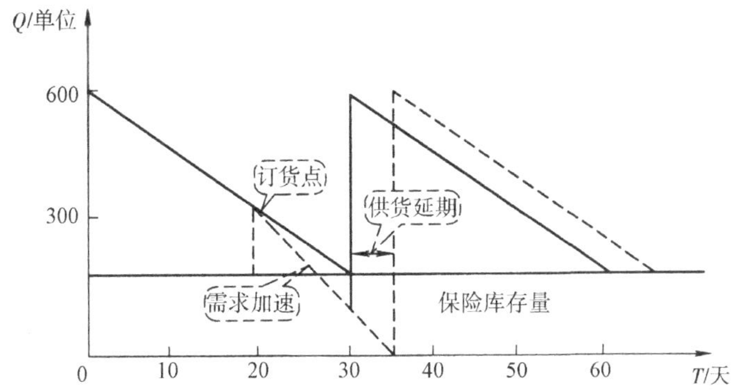

图5–9　应对需求速度加快和供应期延误同时发生的保险库存量

（四）库存成本结构

库存控制的目标就是在满足生产和消费需要的前提下降低库存成本。为了有效控制库存成本，必须对库存成本构成进行分析。

1. 订货成本

订货成本又称为调整成本，是需求方向供应方提出订货到物料入库所发生的除购置费之外的各项相关费用之和。它通常包括订货手续费、运输装卸费、验收入库费、采购人员差旅费、订货通信费等；对于企业自制的零部件或物料，在物料品种转换时将发生设施调整费用，包括设备调整费、工作地和零配件转换费，一个生产批量一般对应一次设备调整费，订货总成本由订货次数和每次订货费用所决定。

2. 保管成本

保管成本即物料在库存过程中发生的成本。其主要包括：占用资金的利息、库储费、人工费、税金等；仓储过程中由于变质、丢失等产生的费用。保管成本的大小主要取决于库存量的大小和库存时间的长短。确定库存量时不仅要考虑供应和需求的特点和要求，同时还要考虑物料的体积和价值。

3. 购置成本

购置成本即库存物料的购置费。为了鼓励需求方加大一次采购批量，供应商常采用批量价格折扣策略。在这种情况下，买方可以增大一次订货批量来获得价格优惠。有时，供应商为了促销产品，在短期内实施优惠促销。除此之外，采购商预知物料提价信息。此时，订货批量决策是影响购置成本的一个重要因素。

4. 缺货成本

缺货成本即由于库存无法满足生产需要或市场需求而产生的损失。缺货成本由两部分组成，一是由于供应缺货导致生产运营系统停工待料产生的系统闲置损失，二是由于库存缺货导致订单任务交货延期带来的罚款损失等。如果是产成品库存缺货，则还将使客户满意度下降，带来市场机会损失。

二、库存控制模式

（一）库存控制系统

库存控制系统由输入、输出、约束条件和运行机制四个方面组成，如图5-10所示。库存控制系统的输入和输出都是各种物料资源。作为系统，库存控制主要是在时间和数量上的调节作用。约束条件包括库存资金约束、库容约束等。运行机制包括控制哪些参数以及如何控制。库存控制的参数一般包括订货点、订货间隔期、订货量等。

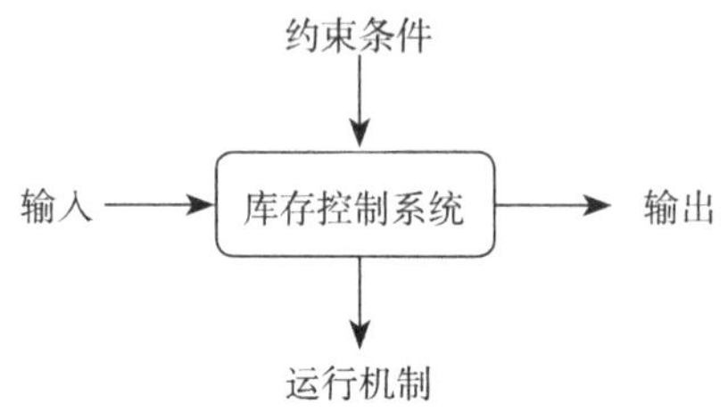

图5-10　库存控制系统

库存控制系统有如下三种形式。

1. 定量控制系统

这是一种定量而不定期的控制模式，就是订货点和订货批量是固定的，当库存量降到订货点S_{min}时，即向供应方发出订货单，如图5-11所示。在这种方式下，必须实时监控物料库存量，当某种物料达到订货点数量时，要确保能及时发出警报。实践中，企业常采用双堆法进行控制，就是将同种物料分装成两个容器，其中一个容器的物料用完后，库存控制系统就发出订单，并开始使用另一容器里的物料，待供应方物料到货后，再将物料按两个容器存放。在用计算机管理库存的条件下，可通过软件设置，使库存量下降到订货点时及时发出警报。定量控制系统下由于不同产品的库存可能不在相同时间到达订货点，因而可能会出现采购批量和运输量的不经济。

在定量控制系统中：$Q_1=Q_2=\cdots=Q_n$；$T_1\neq T_2\neq\cdots\neq T_n$。

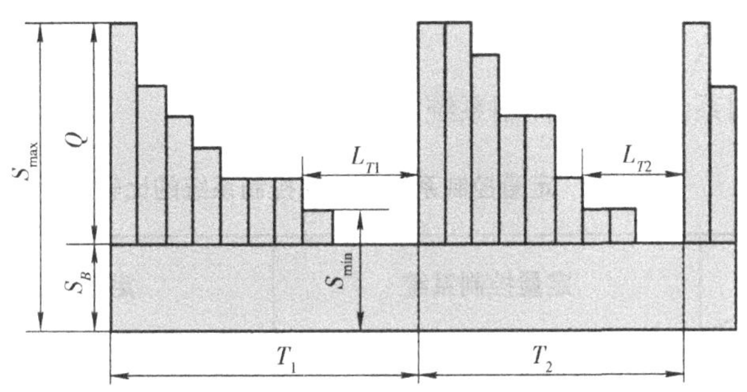

图5-11　定量控制模式

S_{max}—最大库存量；S_B—保险库存；S_{min}—最小库存量；

Q—订货批量；L_{T1}、L_{T2}—订货提前期；T_1、T_2—订货间隔期

2. 定期控制系统

这是一种定期不定量的控制系统，即设定一个固定的订货间隔期，每经过一个订货间隔期，则发出一个订单进行订货，每次订货量根据订货时的实际库存量来决定。订货量等于预定最大库存量减去订货时的实际库存量，如图5-12所示。由于消耗速度的波动，因此每次的订货量是变化的，部分产品订货时的实际库存水平可能还很高，因而订货量很小。

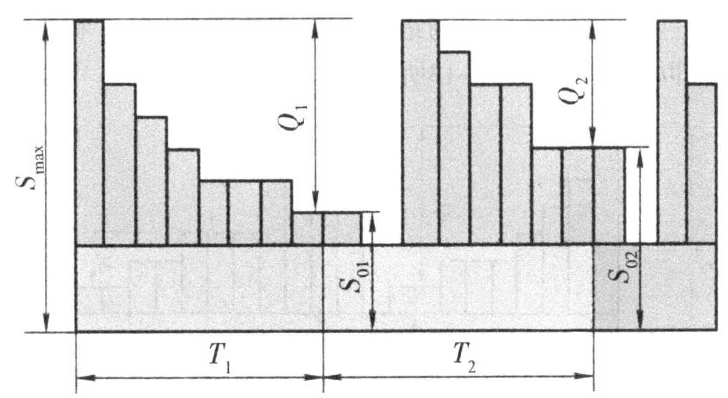

图5-12　定期控制模式

S_{01}—第一期订货时的库存量；S_{02}—第二期订货时的库存量

在定期控制系统中，订货间隔期不变，即$T_1=T_2=\cdots T_n$；各期订货批量：$Q_1=S_{max}-S_{01}$，$Q_2=S_{max}-S_{02}$。

定期控制系统规定统一的时间订货，因而避免了实时监控库存的麻烦，通过安排多种产品在同一时间订货，还可改善采购和运输的经济性。其缺点在于：定期控制系统需考虑整个订货周期内消耗速度加快而出现缺货的问题，因而需要设置较高的安全库存；不论物料实际库存水平多少，都要定期发出订货，这就可能出现订货时，物料的实际库存水平很高，因而订货批量很小。

定量控制系统和定期控制系统的比较见表5-4。

表5-4　定量控制系统与定期控制系统的比较

项目 特征	定量控制系统	定期控制系统
订货量	Q不变	Q变化
何时发出订单	当库存水平低于订货点时	当到达订货间隔期时
保持记录情况	每次提货或增加库存都登记	只在订货间隔期盘点
库存水平	低于定期控制系统	高于定量控制系统
物品种类	价格较高、关键或重要的物品	数量大、价格低、只需一般管理的物品

3. 最大—最小控制系统

最大—最小控制系统是在定期控制系统的基础上，再加入一个最小库存量S_n标准，每经过一个订货间隔，检查一次实际库存，如果实际库存小于或等于S_n，则发出订货，若实际库存大于S_o，则在经过时间t后再确定是否订货，t主要由实际库存量与最小库存的差值（ΔQ）和预计消耗速度（q）确定，即$t=AQ/q$，如图5-13所示。

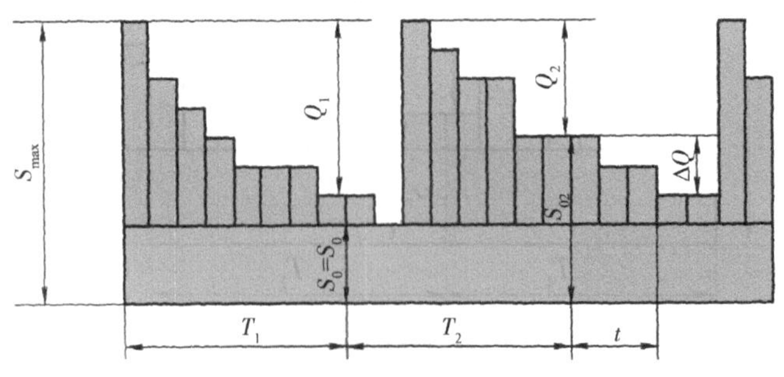

图5-13　最大—最小控制模式

（二）库存分类管理（ABC分类法）

生产运营系统库存物料种类繁多，对所有物料均实行精细管理是不恰当的,为了提高库存管理的效率，节省库存管理成本，应实行分类管理，将管理重心放在重点物料上。实行ABC分类法就是库存管理的有效方法，这种方法是由意大利经济学家帕累托（Pareto）在19世纪调查米兰城市的社会财富分布时发现的。他发现社会财富的80%被占人口20%的少数人占有，而占人口80%的人仅占有社会20%的财富。帕累托将其统计结果绘制成帕累托图，如图5-14所示。

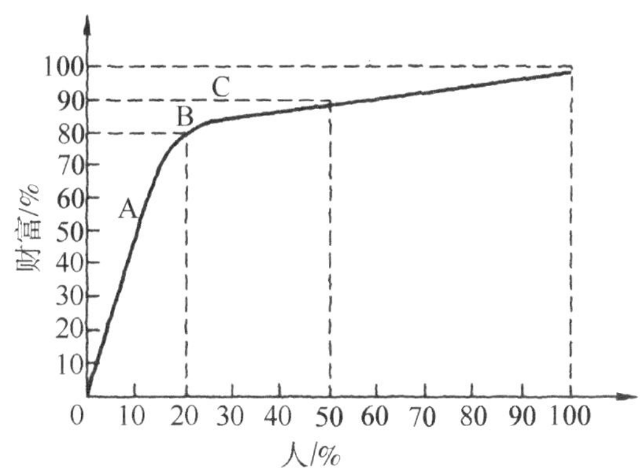

图5-14 帕累托图

库存物料占用资金量的分布曲线与帕累托曲线基本一致。少数品种的库存物料占用了大部分的流动资金，这些物料无疑就是成本控制的重点。库存管理的ABC分类法的基本思路是，将库存物料按其占用资金的多少，依次划分为A、B、C三大类，并按不同类型物料的特点采用相应的管理方法，从而达到简化库存管理、减少库存管理成本、提高管理效率的目的。

库存物料分类标准如下：A类物料品种数占库存物料总种数的10%~20%，但占用的资金达到70%~80%；B类物料占用资金约15%~20%，品种数约占物料总种数的20%～25%；C类物料品种数多，约占库存物料总种数的60%~65%，而占用库存资金比例仅为5%~10%。

运用ABC分类法进行库存管理的具体步骤如下：

（1）将库存物料占用资金情况汇总，计算各种物料占用库存资金的比例。

（2）按物料占用资金额大小，从大到小依次排列，表5-5是某仓库库存物料占用资金的数据。

表5-5　某仓库库存物料占用资金基本数据

物料编号	年均资金占用量/元	占用资金比例/%
22	95000	40.69
68	75000	32.13
27	25000	10.71
03	15000	6.43
82	13000	5.57
54	7500	3.21
36	1500	0.64
19	800	0.34
23	425	0.08
41	225	0.10
合计	233450	100

（3）分析占用资金比例情况，从大到小计算累计数，按ABC分类法将各种物料归类，表5-6是对表5-5数据进行分类处理后的结果。

表5-6　ABC分类的结果

物料编号	年均资金占用量/元	占用资金比例/%	物料类型
22,68	17000	72.82	A
27,03,82	53000	22.70	B
34,36,19,23,41	10450	4.48	C
合计	233450	100	

A类物料是库存管理的重点，应该严格控制其库存量，在保证需求的前提下，尽可能地减少库存，在控制模式上，可采用定量控制模式，连续监控库存状况；B类物料采用一般控制，库存控制可采用定期控制模式；C类物料可以放宽控制，适当增加订货量和订货间隔期，减少库存管理工作量。

需要再次指出的是，在实际的库存物料分类工作中，在考虑占用资金情况的同时，还要兼顾供货特点及物料重要性程度等因素。一些对于生产运营系统运行特别重要或供应不稳定的物料，需要按A类物料管理。例如，某些关键的设备备件，对保证系统正常运转非常重要，一旦出现设备故障将无法及时排除，会造成重大停产损失；对于供应不稳定的物料，也必须保持较大的库存储备，以备供应出现问题时，仍可维持生产运营系统的正常运行。

第三节　质量管理控制

一、质量管理概述

质量是质量管理的对象，正确、全面地理解质量的概念，对开展质量管理工作十分重要。在生产发展的不同历史时期，人们对质量的理解随着科学技术的发展和社会经济的变化而有所变化。

ISO900（2000版）标准对质量的定义是："一组固有特性满足要求的程度"。该定义中，固有特性是指满足顾客和其他相关方要求的特性，并由其满足要求的程度加以表征。固有特征是通过产品、过程或体系设计和开发及其后的实现过程形成的属性，如物质特性（机械、电气、化学、生物特性）、感官特性（嗅觉、触觉、味觉、视觉等感觉控制的特性）、行为特性（礼貌、诚实、正直）、时间特性（准时性、可靠性、可用性）、人体工效特性（语言、生理特性、人身安全特性）、功能特性（飞机的航程、手表显示时间的准确性）等。这些固有特性的要求大多是可测量的。产品被赋予的特性（如某一产品的价格）并非是产品、体系或过程的固有特性。

二、统计质量控制

（一）统计质量管理

统计质量管理方法包括很多种，这些方法大致可分为以下三类。

1. 初级统计管理方法

它主要包括控制图、因果分析图、相关图、排列图、直方图等。运用这些工具，可以从经常变化的生产过程中，系统地收集与产品质量有关的各种数据，并用统计方法对数据进行整理、加工和分析，进而画出各种图表，计算某些数据指标，从中找出质量变化的规律，实现对质量的控制。日本著名的质量管理专家石川馨曾说过，企业内95%的质量管理问题，可通过企业上上下下全体人员活动“QC七种工具”得到解决。全面质量管理的推行，也离不开企业各级、各部门人员对这些工具的掌握。

2. 中级统计管理方法

它包括抽样调查方法、抽样检验方法、官能检查方法、实验计划法等。这些方法不一定要企业全体人员都掌握，主要是有关技术人员和质量管理部门的人使用。

3. 高级统计管理方法

它包括高级实验计划法、多变量解析法。这些方法主要用于复杂的工程解析和质量分析，而且要借助于计算机手段，通常只是专业人员使用这些方法。

由于中级统计管理方法和高级统计管理方法涉及大量的数理统计知识，而且这些数理统计在概率论与数理统计学、运筹学等相关学科中都已经有详细叙述，故本书叙述范围仅用于常用的质量管理统计方法。

（二）常用的统计质量控制方法

常用的统计质量控制方法主要包括所谓的“QC七种工具”，即排列图、因果分析图、直方图、数据分层法、控制图、散布图、统计分析表。七种方法简介如下。

1. 排列图法

（1）排列图的概念。排列图是为寻找主要问题或影响质量的主要因素所使用的图。它是由两个纵坐标、一个横坐标、几个按高低顺序依次排列的长方形和一条累计百分比曲线所组成的图。它的基本图形如图5-15所示。

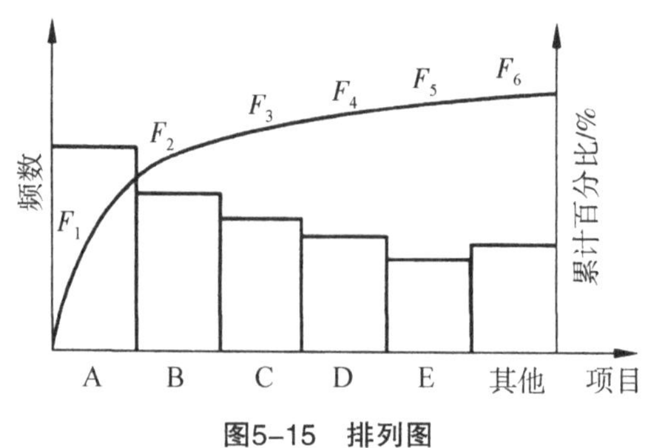

图5-15 排列图

排列图又叫帕累托图，它是由意大利经济学家帕累托提出的。他在分析社会财富分布状况时，发现少数人占有绝大多数财富，而绝大多数人却只有少量财富。在资本主义社会，这种少数人占有着绝大多数财富、左右着社会经济发展的现象即所谓的“关键的少数，次要的多数”的关系。后来该方法由美国质量管理专家朱兰引人质量管理中，成为一种简单可行、一目了然的质量管理重要工具。

（2）作图步骤。

1）将用于排列图所记录的数据进行分类。分类的方法有多种，可以按工艺过程分、按缺陷项目分、按品种分、按尺寸分、按事故灾害种类分等。

2）确定数据记录的时间。汇总成排列图的日期，没有必要规定期限，只要能够汇总成作业排列图所必须的足够的数据即可。

3）按分类项目进行统计。统计按确定数据记录的时间来作成汇总表，以全部项目为100%来计算各个项目的百分比，得出频率。

4）计算累计频率C。

5）准备坐标纸，画出纵横坐标。注意纵、横坐标要均衡匀称。

6）按频数大小顺序作直方图。

7）按累计比率作排列曲线。

8）记载排列图标题及数据简历。

填写标题后还应在空白处写清产品名称、工作项目、工序号、统计期间、各种数据的来源、生产数量、记录者及制图者等项。

【例5-2】某厂铸造车间生产某一铸件，质量不良项目包括气孔、未充满、偏心、形状不佳、裂纹、其他等项。记录一周内某班所生产的产品不良情况数据，并分别将不良项目归结为表5-7①②项。

表5-7　缺陷频率表

①缺陷项目	②频数	③频率/%	④累计频率%
气孔	48	50.53	50.53
未充满	28	29.47	80.00
偏心	10	10.53	90.53
形状不佳	4	4.21	94.74
裂纹	3	3.16	97.9
其他	2	2.1	100
合计	95	100	

计算频率和累计频率见表5-7③④项。作排列图如图5-16所示。

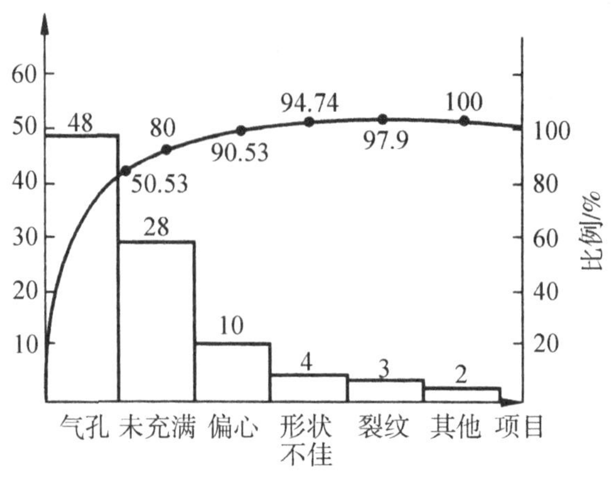

图5-16　排列图

（3）排列图分析。排列图的目的在于从诸多的问题中寻找主要问题，并以图形的方法直观地表示出来。通常把问题分成三类：A类属于主要或关键问题，累计百分比为80%左右；B类属于次要问题，累计百分比为80%~95%；C类属于最不重要问题，累计百分比为95%~100%。但在实际应用中，切不可机械地按80%来确定主要问题，它主要是针对“关键的少数、次要的多数”的原则，给以一定的划分范围。A、B、C三类应结合具体情况来选定。

排列图把影响产品质量的主要问题直观地表现出来，使我们明确应该从哪里着手来改进产品质量。集中力量解决主要问题，可以收效显著。上例中的主要问题是气孔和未充满，若将气孔问题解决了，就解决了问题的一半。再将第二项“未充满”的问题解决，那么80%的问题都得到了解决。排列图不仅解决产品质量问题，其他工作如节约能源、减少消耗、安全生产等都可以用排列图改进，提高工作质量。

2. 直方图

直方图的形式如图5-17所示，它是表示数据变化情况的一种主要工具。用直方图可以比较直观地看出产品质量特性的分布状态，可以判断工序是否处于受控状态，还可以对总体进行推断，判断其总体质量的分布情况。

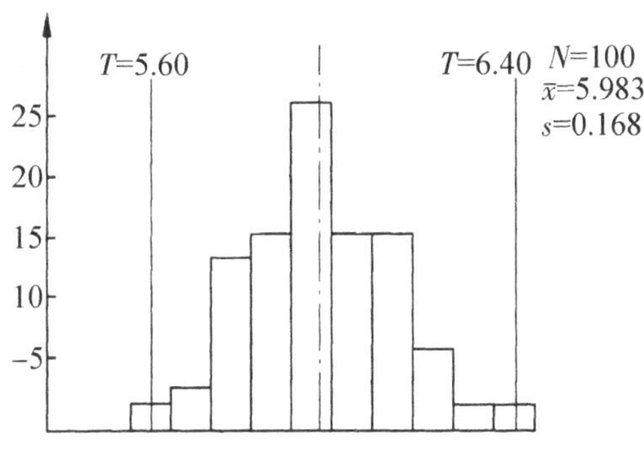

图5-17　直方图的形式

（1）直方图的画法。下面结合一个例子说明直方图的作法。

【例5-3】某厂测量钢板厚度，尺寸按标准要求为6mm。现从生产批量中抽取100个样本进行测量，测出的尺寸见表5-8，试画出直方图。

表5-8　钢板厚度测量值

组号	尺寸/mm					组号	尺寸/mm				
1	5.77	6.27	5.93	6.08	6.03	11	6.12	6.18	6.10	5.95	5.95
2	6.01	6.04	5.88	5.92	6.15	12	5.95	5.94	6.07	6.00	5.75
3	5.71	5.75	5.96	6.19	5.70	13	5.86	5.84	6.08	6.24	5.61
4	6.19	6.11	5.74	5.96	6.17	14	6.13	5.80	5.90	5.93	5.78
5	6.42	6.13	5.71	5.96	5.78	15	5.80	6.14	5.56	6.17	5.97
6	5.92	5.92	5.75	6.05	5.94	16	6.13	5.80	5.90	5.93	5.78
7	5.87	5.63	5.80	6.12	6.32	17	5.86	5.84	6.08	6.24	5.97
8	5.89	5.91	6.00	6.21	6.08	18	5.95	5.94	6.07	6.00	5.85
9	5.96	6.06	6.25	5.89	5.83	19	6.12	6.18	6.10	5.95	5.95
10	5.95	6.94	6.07	6.02	5.75	20	6.03	5.89	5.97	6.05	6.45

解：1）收集数据。至少收集100个以上的数据，一般以100个样本为宜。

2）找出数据的最大值与最小值，计算极差R。本例中，

最大值X_{max}=6.45

最小值X_{min}=5.56

极差$R=X_{max}-X_{min}$=6.45−5.56=0.89

3）确定组数K与组距尼。组数K的确定可根据表5-9选择。本例中，K=10，组距h=（R/K）=（0.89/10）≈0.09。

表5-9 分组数K的参考值

数据个数N	分组数K	一般使用K
50～100	6～10	10
100～250	7～12	
250以上	10～20	

4）确定组的界限值。分组的组界值要比抽取的数据多一位小数，以使边界值不致落入两个组内。因此，先取测定单位的1/2，作为第一组的下界值；再加上组距，作为第一组的上界值，依次加到最大一组的上界值。本例中测量单位为0.01，所以第一组的下界值为5.56+0.005=5.555。

第一组上界值为5.555+0.09=5.645

第二组上界值为5.645+0.09=5.735

……

5）记录各组中的数据，计算各组的中心值，整理成频数表，见表5-10。

表5-10 频数表

组号	组界值	组中值X_i	频数核对	频数fi	变换后组中值u_i	f_iu_i	f_iu_i2
1	5.555～5.645	5.60		2	−4	−8	32
2	5.645～5.735	5.69		3	−3	−9	27
3	5.735～5.825	5.78		13	−2	−26	52
4	5.825～5.915	5.87		15	−1	−15	15
5	5.915～6.005	5.96		26	0	0	0
6	6.005～6.095	6.05		15	1	15	15
7	6.095～6.185	6.14		15	2	30	60
8	6.185～6.275	6.23		7	3	21	63
9	6.275～6.365	6.32		2	4	8	32
10	6.365～6.455	6.41		2	5	6	50
			$\sum$	100		26	346

6）根据频数表画出直方图。在方格纸上，使横坐标取各组的组限，纵坐标取各组的频数，画出一系列直方形即直方图。如图5-18所示，图中每个直方形面积为数据落到这个范围内的个数（或频率），故所有直方形面积之和就是频数的总和（或频率的总和），为1或100%。图中要标出平均值和标准差。

（2）直方图的观察与分析。直方图是从形态的角度，通过产品质量的分布反映工序的精度状况。通常是看图形本身的形状是否正常，再与公差（标准）作对比，做出大致判断。常见的有如图5-18所示的几种图形。

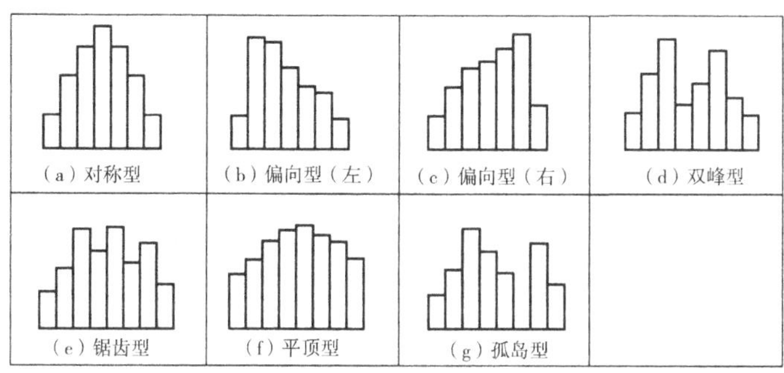

图5-18　直方图的形状

3. 数据分层法

数据分层就是把性质相同的、在同一条件下收集的数据归纳在一起，以便进行比较分析。因为在实际生产中，影响质量变动的因素很多，如果不把这些因素区分开来，将难以得出变化的规律。数据分层可根据实际情况按多种方式进行。例如，按不同时间、不同班次进行分层，按使用设备的种类进行分层，按原材料的进料时间、原材料成分进行分层，按检查手段、使用条件进行分层，按不同缺陷项目进行分层等。

4. 控制图

控制图是一种通过控制界限及其范围内数据分布，判断生产过程是否处于受控状态的方法（图5-19）。控制图通常以样本平均值互为中心线，以上下取3倍的标准差（x+3 σ）为控制界，因此又叫作3 σ控制图，它是休哈特最早提出的控制图。

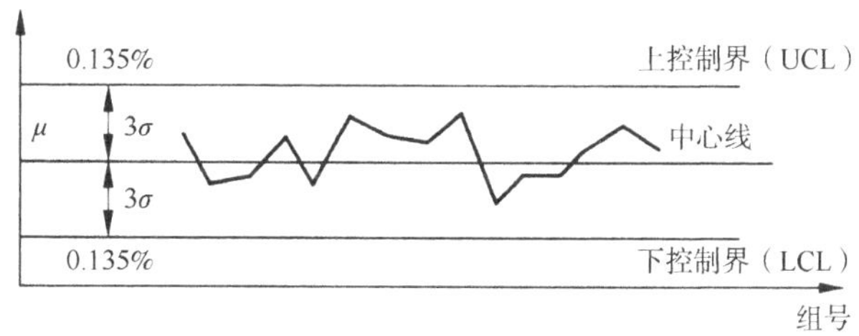

图5-19　控制图的基本形状

控制图按其用途可分为两类：一是供分析用的控制图，用控制图分析生产过程中有关质量特性值的变化情况，看工序是否处于稳定受控状态；

二是供管理用的控制图，主要用于发现生产过程是否出现了异常情况，以预防产生不合格品。

控制图根据数据的种类不同，基本上可分为两大类：计量值控制图和计数值控制图。计量值控制图一般适用于以长度、强度、纯度等为控制对象的场合，属于这类的控制图有单值控制图、平均值和极差控制图、中位数和极差控制图等。计数值控制图以计数值数据的质量特性为控制对象，属于这类的控制图有不合格品率控制图（P控制图）和不合格品数控制图（Pn控制图）、缺陷数控制图（c控制图）和单位缺陷控制图（u控制图）等。

下面结合某轧钢厂生产的6 ± 0.4mm厚度的钢板为例，介绍平均值和极差控制图（*X*（平均）–*R*控制图）的作法和应用，其他类型的控制图请参考其他有关资料。

下面介绍控制图的作法。

以表5–11中的数据说明*X*（平均）–*R*控制图的作法。

（1）收集数据。*N*=100，见表5–15。

表5–11　钢板厚度数据

组号	X_1	X_2	X_3	X_4	X_5	*X*（平均）	*R*
1	5.77	6.27	5.93	6.08	6.03	6.016	0.50
2	6.01	6.04	5.88	5.92	6.15	6.000	0.27
3	5.71	5.75	5.96	6.19	5.70	5.862	0.49
4	6.19	6.11	5.74	5.96	6.17	6.034	0.45
5	6.42	6.13	5.71	5.96	5.78	6.000	0.71
6	5.92	5.92	5.75	6.05	5.94	5.916	0.30
7	5.87	5.63	5.80	6.12	6.32	5.948	0.69
8	5.89	5.91	6.00	6.21	6.08	6.018	0.32
9	5.96	6.06	6.25	5.89	5.83	5.996	0.42
10	5.95	5.94	6.07	6.02	5.75	5.946	0.32
11	6.12	6.18	6.10	5.95	5.95	6.000	0.23
12	5.95	5.94	6.07	6.00	5.75	5.942	0.32
13	5.86	5.84	6.08	6.24	5.61	5.926	0.63
14	6.13	5.80	5.90	5.93	5.78	5.908	0.35
15	5.80	6.14	5.56	6.17	5.97	5.928	0.61
16	6.13	5.80	5.90	5.93	5.78	5.908	0.35
17	5.86	5.84	6.08	6.24	5.97	5.998	0.40
18	5.95	5.94	6.07	6.00	5.85	5.962	0.22
19	6.12	6.18	6.10	5.95	5.95	6.060	0.23
20	6.03	5.89	5.97	6.05	6.45	6.078	0.56

2）将数据分组，一般取组数K=20，每组样容量n取4～5为宜，本例n=5。

3）按下式计算X（平均）和R，将结果填入表中。

$$\overline{x}=\frac{1}{n}\sum_{r=1}^{R}x_i$$

$$\mathrm{R}=\mathrm{X}_{max}-\mathrm{X}_{min}$$

4）按下式计算X（平均）和R。

$$\overline{x}=\sum_{i=1}^{k}\frac{\overline{x}_1}{k}=\frac{6.016+6.00+\ldots+6.078}{20}=5.975$$

$$\overline{R}=\sum_{i=1}^{l}\frac{R_\mathrm{i}}{k}=\frac{0.50+0.27+\ldots+0.56}{20}=0.419$$

5）计算X（平均）—R控制图的控制界限。X控制图的控制界限的计算公式为：

$$UCL=\mu+3\frac{\sigma}{\sqrt{n}}=\overline{\overline{x}}+3\frac{\overline{R}}{d_{2\sqrt{n}}}=\overline{x}+A_2\overline{R}$$

$$UCL=\mu-3\frac{\sigma}{\sqrt{n}}=\overline{\overline{x}}-3\frac{\overline{R}}{d_{2\sqrt{n}}}=\overline{\overline{x}}-A_2\overline{R}$$

$$CL=\overline{x}$$

R控制图的控制界限计算公式为：

$$UCL=\overline{R}+3\sigma_\mathrm{R}=d_2\sigma+3d_3=\left(1+\frac{3d_3}{d_2}\right)\overline{R}=D_4\overline{R}$$

$$UCL-\overline{R}-3\sigma_\mathrm{R}=d_2\sigma-3d_3=\left(1-\frac{3d_3}{d_2}\right)\overline{R}=D_3\overline{R}$$

第四节　设备管理控制

一、设备

设备是社会生产力的重要因素，是企业固定资产的重要组成部分，是企业进行生产活动的重要物质条件。现代企业的设备是指在企业中可供长期使用并在使用过程中基本保持其原有实物形态，能连续使用或反复使用的劳动资料和其他物质资料的总称。设备的含义十分广泛，按照其用途的不同，可以将设备分成以下几类。

（1）生产制造工艺设备，指用以改变劳动对象形状或性能，使其发生物理或化学变化的那部分设备，如机械制造业中金属切削机床、炼油厂的反应罐等。

（2）辅助生产设备，指用于生产服务的各种设备，如电力、蒸气、压缩空气等动力供应设备，吊车、传送装置、起重机械、各种运输搬运设备，内部设施中的照明、通风、调温、调湿设备等。

（3）科学研究设备，指用于科学试验的各种设备，如测试、计量设备。

（4）管理用设备，指用于管理部门的各种设备，如计算机、复印机、传真机、打印机等。

（5）用于第三产业的设备，指广泛用于通信、医疗、餐饮等服务业的设备。

二、设备管理

设备管理是以企业生产经营目标为依据，以设备为研究对象，以追求设备寿命周期费用最经济和设备效能最高为目标，应用一系列理论、方法，通过一系列技术、经济组织措施，对设备的物质运动和价值运动进行从规划、设计、制造、选型、购置、安装、使用、维护、修理直至报废的全过程的科学管理。

设备在运动过程中，存在着两种状态：一是设备的物质运动状态，包括设备的选购、进厂验收、安装、调试、使用、维护、修理以及设备的革新、改造、更新等；二是设备运动的价值状态，包括设备的最初投资，维修费用支出，折旧、更新、改造资金的筹措、积累、支出等。前者叫设备的技术管理，后者叫设备的经济管理，这两种状态是互相对应的。设备管理包括对两种运动状态的管理。主要任务包括以下几个方面。

（1）要以设备的寿命周期作为设备管理的对象，追求设备的综合效率最优化。

（2）根据技术先进、经济合理、生产可行、技术服务好的原则正确选择和购置所需设备，保证企业设备的各项总体能力均能满足生产与服务的发展需要。

（3）在保证机器设备始终处于良好的技术状态的前提下，努力降低设备管理维护和维修费用，不断提高设备管理的经济效益。

（4）对企业现有的设备进行技术更新和改造，有计划地挖掘现有设备的技术潜力，促进企业技术不断进步。

三、设备管理的发展阶段

随着科学技术的发展，设备使用功能的不断改进，先进的设备成为企业获得良好生产效益的前提条件之一。当然，随着设备复杂程度的增加，企业对设备管理能力的要求逐步提高，设备管理逐渐成为一项独立的工作。从总体上看，设备管理的发展历史伴随着设备维修方式的演变，大致可分为下面几个阶段。

（一）事后维修阶段

在这一时期，只有当机器设备出现故障时才进行修理，而且，修理工作仅限于修复原来的功能。此阶段的显著特点是：设备不坏不修，坏了才修。在此阶段，由于缺乏设备管理方面的计划，设备故障经常影响生产计划的顺利执行。而且由于修理内容、时间长短等问题具有很大的随机性，很难适应现代化生产的要求。

（二）预防维修阶段

随着机器设备构造日益复杂化，企业的管理者逐渐发现，采用事后维修方式不仅浪费大量时间，而且严重影响生产的连续性。因此，为防止设备突发性事故，提出预防维修的概念，开始了由事后维修向定期预防维修的历史性转变。几乎在同一时间，美国人提出了预防维修制，而苏联人则提出了计划预修制。尽管方法有所不同，但其原理基本是一致的。由于历史的原因，我国的国有企业多采用计划预修制。

（三）设备综合管理阶段

人们常把前两个阶段称为传统设备管理时期。这一时期的设备管理模式以维护修理为中心点，存在很大的局限性，是一种片面的、封闭式的管理方式。为弥补传统设备管理方式的缺陷和不足，20世纪70年代逐步形成了设备综合管理的基本理论。同时，产生了全员维修制，强调设备管理工作的全过程与全员性。

四、设备综合管理的理论

设备综合管理有两个典型的代表理论：一是设备综合工程学，二是全员生产维修制。

（一）设备综合工程学

20世纪70年代初，英国首创了设备综合工程学。1974年，英国工商部对设备综合工程学所下的定义是“为了谋求经济的寿命周期费用而把适用于有形资产的有关工程技术、管理、财务以及其他业务工作加以综合的科学”。该理论推广后引起了设备管理模式的重大变革，因而备受世界各国的企业界人士关注，是设备综合管理的主要代表理论。其主要特点如下：

（1）把设备的寿命周期费用作为评价设备管理工作的重要指标，要求达到寿命周期费用最经济的目的。

（2）把与设备有关的工程技术、组织管理、财务成本等问题综合起来，成为对现代化设备进行全面管理和研究的独立科学。

（3）重视研究设备的可靠性、维修性设计，使设备故障减少，便于维修。

（4）把设备的“一生”作为研究和管理的对象，即对设备从规划、设计、制造、安装、调试、使用、维修、改造直到更新的各环节进行系统研究。

（5）强调做好设计、使用及费用的信息反馈工作，包括企业内部及外部的相关信息。

总之，设备综合工程学是一门以设备一生为研究对象，以提高设备综合效率，使其寿命周期费用最经济为目的的综合性管理科学。

（二）全员生产维修制

全员生产维修制，又叫全员设备维修制，即全体人员参加的生产维修、维护体制。全员生产维修制与设备综合工程学比较而言，两者在本质上是一致的，只是设备综合工程学更侧重于理论，全员生产维修制则更具有可操作性。其要点包含以下内容。

（1）强调“三全”，即全效率、全系统、全体人员。全员是基础，全系统是载体，全效率是目标。

（2）目标是达到最高的设备综合效率。

（3）涉及设备寿命周期、各部位的维护保养及整个工作环境的改善，建立包括设备整个寿命周期的生产维修全系统。

（4）涉及与设备管理有关的所有部门，包括所有部门都参加，并以小组活动为基础的生产维修活动。如设备规划、设备使用、维修部门等。

（5）全员生产维修制要求从最高管理部门到基层员工人人参与，加强思想教育，实行机动管理，通过小组活动推进生产维修活动。

此外，全员生产维修制强调作风保证，开展5S管理活动，包括：

（1）整理。把乱的东西收起来，把不用的东西清理掉，按次序排放好。

（2）整顿。整顿操作次序，把必要的图纸、工具等准备齐全，条理摆放，取用快捷。

（3）清扫。把工作环境打扫得干干净净，不留污物。

（4）清洁。保持环境清洁，无污染。

（5）素养。素养是指职工的举止、态度和作风，培养职工良好的工作习惯和生产习惯。

第五节　生产运营现场管理

现场是企业从事生产运营活动的一线场所，是物化劳动和活劳动结合最紧密的部位。现场管理是企业管理系统的重要组成部分，现场管理水平的高低直接影响到效率、质量、成本。本节将主要介绍现场和现场管理的概念、现场管理的特点和要求及企业现场的常见问题。

一、生产运营现场管理综述

（一）现场

对于制造业企业而言，现场是指以完成生产任务为核心的一系列活动场所。它包括工人直接从事产品加工制造、改变产品物理性质和化学性质、实现产品增值等基本流程的场所，也包括完成相关辅助生产、生产服务等业务流程的场所。对于服务业企业而言，现场包括员工直接完成服务流程的场所以及为完成服务流程而配套的场所。例如，饭店的就餐场所是直接为就餐顾客提供服务的现场，厨房是完成制作各种菜肴的现场；银行营业点的前台是直接接触顾客和为顾客提供服务的现场，后台则是处理各种票据、进行业务结算的现场。

（二）现场管理

现场管理是指综合利用各种管理手段和方法，对现场的各种要素进行优化配置和组合，建立良好的生产运营秩序，实现优质、高效、低耗、均衡、安全、文明生产。现场管理水平的高低决定了企业的产品质量、生产效率、成本和效益，进而影响到企业的整体发展和竞争力。众多企业的实践证明，“现场决定成败”。只注重企业战略、只关注企业研发、营销、财务而忽视现场管理，将很容易导致整个企业的失败。

现代成功的企业无不高度重视现场管理。日本丰田汽车公司前副社长大野耐一就以高度重视现场管理而闻名。他为了改善生产现场的管理状况，甚至把自己的办公室设到生产现场。他认为，只有深入现场调研，才能有效地发现问题、解决问题，改进生产。日本丰田汽车公司的5S管理、目视化管理、质量管理小组、看板管理等无不是针对现场的管理，并取得了显著成效。

（三）现场管理的五要素

现场管理的五要素就是指Man（人员）、Machine（机器）、Material（材料）、Method（方法）和Environments（环境），即人们所常说的“人、机、料、法、环”，简称为“4M1E”。其具体内容如下：①Man（人），包括人员数量、技能、整体素质等；②Machine（机器），包括设备检查、验收、保养、维护等；③Material（材料），包括生产用料的品质、成本和交货期等；④Method（方法），包括工艺流程、作业技术、操作标准等；⑤Environments（环境），包括现场环境的温度、亮度、湿度、空气等。

“4M1E”五要素可概括成硬件和软件两大方面。

1. 硬件方面要素

硬件方面要素是指那些看得见、摸得着的设施和实物等要素。内容包括：

（1）场地空间：区域面积大小、现场通道设置。

（2）厂房车间：厂房建筑结构、功能车间组成。

（3）设备布局：生产设备、搬运设备、存储设施等及其布局。

（4）环境处理：照明和通风、噪声、空气污染、污水、辐射等处理设施。

2. 软件方面要素

软件方面要素主要是指现场管理规章制度、操作规程等。其作用是规范现场活动，建立良好的现场秩序，内容包括：

（1）工作目标与计划：工作目标、作业计划、质量计划等。

（2）工艺流程：生产作业工序组成及工艺顺序。

（3）过程管理：制造过程的管理模式、要求和方法。

（4）品质标准：产品质量标准、工作质量标准等。

（5）生产秩序：计划指令和管理规程的执行状况，信息和物流的畅通情况。

（6）劳动效率：员工劳动率、产能利用率等。

（7）工作氛围：员工士气、积极性、精神面貌。

（8）安全措施：安全制度与安全保障措施。

（四）现场管理的特点

现场管理主要有基础性、群众性、系统性、规范性和动态性等特点。

1. 基础性

现场管理是企业管理的基础，现场管理决定了质量、效率、成本，影响到企业各项指令和计划能否得到有效的贯彻落实。现场管理直接面对众多的一线员工、生产设备、原材料和产品，还有来自企业各个职能部门的指令和要求，均要通过企业现场来贯彻落实。因此，完善现场管理包括设备供应、物料供应、控制产品质量、跟进生产进度、激励员工士气、规范员工行为、严格各项规程、完善信息管理等方面的管理，这是关系企业整体生存和发展的基础性工作。

2. 群众性

现场管理的核心是人。人与人、人与物的组合是现场生产要素最基本的组合。各项工作必须由现场员工去完成，员工的能力和工作态度直接影响工作绩效，这就要求现场管理应以人为中心，充分发挥员工的积极性和创造性。为此，要重点做好人力资源管理工作，要根据员工队伍的结构、素质和需求，做好相应的激励工作，在强化纪律和规章的同时，鼓励现场员工主动提升自己的技术水平和能力，开展劳动竞赛，实行目视化管理，形成良好的学习和工作氛围。

3. 系统性

企业管理是个完整的系统，现场管理则是这一系统的重要组成部分。企业各职能管理部门的目标、计划和要求大多要下达到现场来实现。质量、成本、进度、安全、库存控制等多个职能领域的指标和要求，均需要通过现场来完成；现场执行的实际情况必须及时反馈到各部门。不同部门下达至现场一线的目标和要求可能会有矛盾和冲突．为了达到系统整体优化的目标，现场管理者必须从系统的角度，为保证实现整体目标，按轻重缓急对各项目标要求进行协调。

4. 规范性

现场集中了大量的人员、物料、设备，为了保证生产运营过程高效有序地进行，要求各项管理规章制度要严格、规范，如作业计划、工艺流程、操作规程、技术和质量标准，还有设备的使用、维护和保养等制度必须严格执行，现场劳动纪律、安全守则等必须严格遵守。岗位职责、激励措施要执行到位；信息的收集、传递和处理要及时、准确；实行目视化管理，尽量让现场人员心中有数。现场区域划分、物品摆放、通道使用等应井然有序。

5. 动态性

现场管理既讲求规范性和严格性，也强调灵活性和适应性。影响现场运行的环境要素很多，这些因素都在不断地变化之中，包括客户需求、供应、工艺、人员、设备等要素状态的变化，企业战略调整、品种变化、产量变化、质量标准改变、工艺方法改变、原材料改变、交货期要求变化、员工结构和数量变化等，这些变化无不影响到现场管理体系的运行。面对复杂多变的环境条件，现场管理的组织和管理模式也需适时地作相应的调整，从而适应新的条件和要求。

（五）我国企业现场管理常见问题

多年来，国内企业对现场管理的重视程度在不断提高，也积累了不少现场管理的经验，但与国外先进水平比较，我国企业的现场管理水平仍具有较大差距，特别是我国众多中小企业的现场管理水平差距更大，集中反映在以下几方面。

1. 不够重视现场管理

从我国众多中小企业的情况来看，存在着从管理人员到普通工人普遍对现场管理的重要性认识不足的问题。现场管理人员更侧重于完成产量、质量和成本等指标任务，确保按时交货，而对于现场管理的作用和必要性缺乏正确的认识。因而，现场管理规章制度不完善、责任不清、秩序混乱，导致现场信息传递不及时和不准确、指令执行不力、延期交货现象严重、安全和质量事故频发等。

2. 现场浪费现象严重

企业（特别是中小企业）的经营者往往对工人工资增长较为敏感，而对生产现场的浪费现象却习以为常。由于现场管理不善，导致生产现场的各种浪费现象较严重，如原材料消耗控制不力、物料混放导致损坏或丢失、不合格品率超标而损失严重、过量生产使现场制品大量积压、现场物料反复装卸搬运、劳动力和设备使用率低等。现场浪费严重使得利润空间本来就较小的企业成本高、效益低，难以生存和发展。

3. 现场环境“脏、乱、差”

现场环境的好坏，一方面直接影响到生产效率、质量和成本，另一方面也影响到员工的劳动情绪。此外，现场环境还会影响到企业的品牌形象。很难想象一个现场环境脏、乱、差的企业会有高的管理水平和好的产品质量。现场管理水平差的企业，现场在制品和物料无序堆放，既阻塞通道也容易产生碰撞损坏，工具随意摆放难以寻找，缺乏设备维护和保养制度，“跑、冒、滴、漏”现象严重，现场布满污垢灰尘，照明、通风、温度等条件差。这些都是中小企业常见的现场状况。

4. 现场人员素质仍需提高

人员素质是决定现场管理水平的关键要素。目前，我国中小企业由于工资水平偏低，工作环境条件相对较差，经营者缺乏正确的员工管理理念，导致企业缺乏凝聚力，现场难以留住高素质员工，现有的现场员工普遍文化水平和技术水平偏低，工作缺乏积极性和主动性。这些也是影响现场管理水平的主要因素。

（六）加强现场管理的意义

现场管理水平是企业整体水平的综合反映，是企业向社会公众和市场客户展示实力、传递企业文化和经营理念的一个重要阵地。强化企业现场管理，对提高企业生产效率和质量、降低生产成本、提升企业整体竞争实力均具有重要的意义。具体作用有如下几个方面。

1. 有助于降低生产成本

生产现场使用大量的原材料、设备、人员等资源，据统计，一般中小制造企业60%～80%的产品成本产生于生产现场，可见降低成本的主要潜力在于现场。采取有效措施，提升生产现场管理水平，堵住各类不合理消耗的漏洞，对降低企业的生产成本将起到关键的作用。

2. 产品质量能够得到保证

产品质量主要取决于研发、生产、使用三个阶段，生产阶段决定了产品的制造质量，产品质量、不合格品率等有赖于现场管理来保证。搞好现场管理包括形成良好的生产秩序、规范的工艺流程、严格的工艺纪律、完好的工艺装备、完善的质量控制标准等。有了这些良好的现场管理条件，产品质量就有了保证。

3. 可有效提高员工队伍素质

企业现场员工所占比例最大，现场管理水平主要取决于员工队伍的整体素质和水平。因而，提高现场管理水平先要提高现场员工的素质和水平，具体包括进行员工培训、提升员工的技术水平和文化水平、实施员工激励措施等。现场管理水平的提升，有利于建立起高素质的员工队伍。

4. 可不断提高企业竞争水平

现场管理水平是反映企业整体管理水平和运营实力的一个窗口，是企业整体管理工作的基础。决定企业竞争力的关键要素，如质量、成本、交货期、适应性等，很大程度上取决于生产现场的管理水平。可见，提高现场管理水平对于提升企业市场竞争力起着至关重要的作用。

二、现场5S管理

现场5S管理起源于日本企业的现场管理体系，是精益生产体系的重要组成部分。5S管理是指整理、整顿、清扫、清洁、素养，由于这五个词的英文单词在日文的罗马拼音首字母均为S，因而简称为5S。推行5S管理可以收到明显的优化现场环境、提高生产效率、减少现场浪费、提高员工素养、保障安全生产等效果，因而被广泛应用于全球各个行业。

（一）现场5S管理的内容和要求

1. 整理（Seiri）

即按物品的使用频率对其进行分类，发现不需要的物品，就把其清理出现场。其要点是对现场的各种物品进行分类，区分是现场需要还是不需要的；对于现场不需要的物品，诸如用剩的材料、多余的半成品、切屑、垃圾、废品等，要坚决清理出现场。整理活动的目的如下：

（1）增加作业面积，优化面积使用。

（2）消除现场杂物，疏通生产流程。

（3）减少磕碰机会，减少废品损失。

（4）消除物料混放，避免混料差错。

（5）减少制品库存，加速工艺流程。

2. 整顿（Seiton）

即把现场需要的物品进行合理定位和标示。通过第一步整理并清除不需要的物品后，对现场需要的物品摆放位置进行合理规划，使其需要使用时能够快速取得，以提高工作效率，保障生产安全。整顿的原则如下：

（1）物品按固定区域摆放，减少寻找时间，避免乱放带来的丢失和差错。

（2）物品摆放科学、合理，根据物品的使用频率确定其距离操作地的位置。

（3）物品摆放目视化，使用计数托盘以便于计数，不同物品摆放区域采用不同的颜色和标记。

3. 清扫（Seiso）

即把现场打扫干净，把灰尘、污垢、垃圾等清扫干净。生产运营过程会产生大量的灰尘、污垢和垃圾等，脏乱的生产现场将影响设备的正常运行，对产品质量、生产安全等也会带来负面影响，还会影响员工的工作情绪，因而需要创建一个明快、舒畅的工作环境，以保证优质、安全和高效地工作。清扫的原则如下：

（1）员工自己实行清扫。工作地现场、墙壁、门窗、设备等的清扫均由员工自己完成，自己清扫有利于培养其责任心，形成良好的维持现场整洁的习惯。

（2）明确清扫的目标。清扫不是为了应对突击检查，而是为了保持现场环境整洁、美观、明亮，从而为提高劳动效率、降低生产成本、保持产品质量提供环境条件支持。因此，清扫应该是彻底和有效的。

4. 清洁（Seiketsu）

即要保持现场环境的最佳状态。例如，规定现场清扫的时间和规范要求，如在时间上规定每天下班前10min进行工作现场的清扫，清除切屑、擦拭设备、地面打扫、工具入箱、在制品堆放等。清洁是对前三项活动的坚持与深入，其作用是有利于消除安全事故，创造良好的工作环境，保持员工的劳动情绪。清洁的要求如下：

（1）做到现场环境整洁卫生，保持员工身心健康，提高员工的劳动热情。

（2）物品堆放整洁有序，工作环境空气清洁、场地明亮、噪声受控、空气良好。

（3）员工本身要清洁，如工作服要统一清洁、外表要整洁等，保持良好的形象。

5. 素养（Shitsuke）

即养成良好的行为习惯。5S管理能否坚持下去，保持取得的成果，重点在于提高现场员工的素质。提高素养是实施5S管理的最高境界，也是实施5S管理的关键。提高员工的素质，就是要形成具有遵守纪律、团结协作、认真负责、精益求精作风的现场员工队伍。

5S管理强调贯彻自我管理的原则。推行5S管理，不能指望外部力量来代办，而要靠现场人员自身的力量来实施，要调动起现场人员工作的主动性和积极性，创建一个整洁、美观、安全、有效的工作环境。5S管理的前四个步骤针对的是对物的优化，但这些工作要靠现场的人员来完成。成功推行5S管理的过程，也是提升员工自身的素养的过程，而员工养成良好的遵守纪律、认真负责、积极主动、精益求精的习惯，是成功实施5S管理的最大效果。

（二）管理的组织管理

实践表明，5S管理开展起来比较容易，可以在短时间内取得明显的效果，但要坚持下去，持之以恒，不断优化并不容易。因此，5S管理的有效开展，有赖于企业领导的高度重视，同时要加强组织和管理。

1. 将5S管理纳入岗位责任制

要使每一部门、每一员工都有明确的岗位责任和工作标准。下面以一个机械加工车间的清扫工作为例来说明。

（1）日清扫。

1）清扫时间：每班下班前15min。

2）清扫人员分工：操作人员负责机床上下及班组管理区域的清扫，清扫人员负责车间主、次干道的清扫及现场铁屑的清扫，辅助人员负责其他车间地面的清扫。

3）清扫内容：见表5-12。

表5-12　机械加工车间员工日清扫内容

人员	地面	机床	刀检工具	工位工具	铁屑
操作人员	清扫自己活动区地面	按设备日清扫标准执行	处理无用刀具，定位放好使用的工、检、刀、夹具	小车按规定放好	将工作区的铁屑扣入铁屑箱
清扫人员	清扫各行走干道		把使用过的工具放在自己的工作室	运铁屑的车辆放置在固定的位置	将铁屑箱内的铁屑清除干净
辅助人员	保证车间地面清洁		使用过的工具不随意放在现场		

（2）周清扫。

1）清扫时间：周末白班下班前一小时。

2）清扫人员分工：同“日清扫”。

3）清扫内容：见表5-13。

表5-13　周清扫内容

人员	地面	机床	刀检工具	工位工具	铁屑
操作人员	清扫自己活动区地面	按设备日清扫标准执行	做日清扫事项，擦洗管理点架，整理工具箱内部	擦洗小车滑道等，包括踏脚板，并定置放好	彻底清除设备周围的铁屑
清扫人员	清扫各行走干道		同“日清扫”	同“日清扫”	同“日清扫”
辅助人员	清查现场有无自己负责的无用品，如有则清除	配合操作人员，帮助指导设备保养	同“日清扫”		

2. 严格执行检查、考核和评比制度

要巩固实施5S管理所取得的成果，确保5S管理持续开展，必须开展5S管理实施效果的检查和评比工作。检查和考评的方式、方法可根据各单位的实际情况和条件来决定。通常车间内部进行的是日常性的检查评比，一般与岗位责任制检查结合进行。下面是某汽车制造厂一个车间的做法。

检查方式为定期与随机检查相结合。

成立由车间主任以及各班组的5S委员或班长组成的检查组，日检查按规定时间对车间各个班组进行5S检查。检查项目以“日清扫”为标准进行，由检查组成员集体评议，分出等级。

（1）评比等级。评比分为以下五个等级：

1）5分为优秀，即为金牌。

2）4分为良好，即为银牌。

3）3分为中等，即为蓝牌。

4）2分为及格，即为黄牌（警告）。

5）1分为差，即为红牌（停工整顿）。

（2）评比公布方式。评比结果，每日公布。由5S推行小组填写“5S管理竞赛评比牌”，挂在车间现场。评比牌格式见表5-14。

表5-14 “5S管理竞赛评比牌”格式

日期 班组	1	2	……	30	31	备注
×××班	●	●		●	●	
×××班	●	●		●	●	
×××班	●	●		●	●	
……	……	……	……	……	……	

注：表中的●分为金、银、蓝、黄、红五种颜色牌。

除了车间内部的日检查和考评外，还有全厂的检查和考评，这种检查通常按周和月度进行。下面是某电器公司有关5S管理的检查考核办法。

（1）检查方式。对车间、科室每周定期检查1次；每月随机性检查1～2次。

（2）检查内容及扣分标准。

1）没有制定定置管理总图的，扣5分。

2）车间缺少工具箱定置图、工序流程图、库房定置图的，每项扣2分。

3）各类定置图不完整的，每项扣1～2分。

4）考核定置率要求达到100%。检查时为96%～99%的，扣1～2分；为90%～95%的，扣3～5分；为85%～89%的，扣8～12分。

5）经常使用的夹具、量具等没有处在即用即得状态的，每项扣1分。

6）物品混放的，扣1～5分。

7）与生产无关的物品没有清除的，每处扣2分。

8）各类库房没有清晰标志的，每处扣2分。

9）各类物品没按定置图要求堆放，如堆放在通道、走廊等的，每处扣2分。

10）垃圾类没按定置图要求堆放，各种废料切屑混装的，扣1～5分。

11）办公室、工位、机台的工作椅，不按规定要求放置的，扣0.5分。

（3）奖罚标准。

1）扣分小于20分的，相应单位每人奖励10～50元。

2）扣分在20～30分之间的，不奖不罚。

3）扣分超过30分的，相应单位每人扣罚20～100元。

3. 坚持PDCA循环[①]，不断提高现场的5S管理水平

5S管理的目的是不断地改善现场，而5S管理的坚持也不可能总在同一水平上徘徊，而是要通过检查，不断发现问题、解决问题，不断提高5S管理的水平。因此，在检查考核后，还必须针对问题点，提出改进措施和计划。表5-15是推行5S管理项目时的一种改进计划表。

表5-15　5S管理问题改进计划表

序号	改进项目	部门车间	负责人	日期							
				1	2	3	4	5	6	……	31
1											
2											
3											
……											

提升5S管理水平要按PDCA循环的步骤来开展，确立目标、分析问题、发现差异、确定改进目标和方案、组织实施和巩固提高。每经过一个循环，现场管理水平就会得到明显的提升，随着生产现场水平的不断提升，企业各项指标也必将得到明显的改善。

① PDCA循环即计划（Plan）—执行（Do）—检查（Check）—处理（Action）的循环。

实施5S管理应持之以恒才能见效，不能期望短期内就达到目标，更不能靠搞突击、应付检查的方式来推行。实施5S管理必须领导重视、全员参与，不能靠5S推行小组人员来包办代替，而要现场员工自主实施。推行5S管理必须明确目标和方向，要追求效果和效益，不能搞形式，要明确5S管理是要追求优化现场环境条件、提升员工素养，实现质量、成本、效率等整体效果的提升。

第六章 企业生产运营管理系统的改进与其他先进生产方式

随着科学技术的迅速提升，企业生产能力取得了巨大的进步，制造业的生产方式也经过了从手工业生产、大量生产方式到敏捷制造的演变过程。本章将对如今最热门的敏捷制造、现代集成制造系统（CIMS）等生产方式进行叙述。

第一节 现代企业生产运营管理系统的改进

一、敏捷制造

（一）敏捷制造的产生背景

自20世纪初开始，大批量生产逐步成了制造业的主导模式，它对以后的制造技术和工业生产的发展产生了深远的影响。随着时间的推移，大批量生产早已度过它的巅峰时代，人们不断开发出更为柔性的生产制造技术以适应变化日益剧烈的市场需求，最具有代表性的就是直接数控（Directly Numerical Control，DNC）、柔性制造系统（Flexible Manufacturing System，FMS）和计算机集成制造系统（Computer Integrated Manufacturing System，CIMS）等系统制造技术。21世纪以后，以计算机信息技术为主导的高新技术不断推动制造业步入集成化、信息化、智能化、网络化、柔性化、绿色化的崭新历史时期。

20世纪70年代，随着计算机技术的发展和全面应用，JIT生产方式应运而生。20世纪80年代，计算机技术的系统集成和优化，FMS作为更为先进的制造技术代表迅速在企业界得到推广。20世纪90年代，信息技术的极速发展促使越来越多的企业和有关专家把目光的焦点转移到如何利用新技术和新知识，以最短的时间开发出高质量且能被用户接受的新产品上。在这种情况下，敏捷制造技术的概念第一次被提了出来。

为了应对新经济形势下的机遇与挑战，美国制造业于20世纪80年代首先提出了先进制造技术的概念。另外，随着国内外市场竞争的加剧，产品更新换代速度的加快及人们对产品多样化需求的增加，使机械制造业向多品种、小批量生产方式发展。专家觉得，21世纪的市场竞争，质量已不再是最大优势，能够快速响应不可预测和不断变化的市场需求，提供满足用户个性需求的产品，才能在竞争中取胜。在此背景下，20世纪90年代，美国里海大学的几位教授首次提出了敏捷制造的概念。他们在美国国会和国防部的支持下，会同美国众多工业界的主要决策人在向美国国会提交的《美国21世纪制造战略报告》中对敏捷制造的概念、方法及相关技术做了全面的描述，是美国进行先进制造技术研究的重要里程碑。

敏捷制造被认为是下一代制造策略而得到美国、日本和欧盟等国家和地区的普遍重视，并就敏捷制造的实施方法和途径开展了广泛的研究和探索。

（二）敏捷制造的基本概念

美国敏捷制造研究组织（Agility Forum）将敏捷制造（Agile Manufacturing，AM）定义为能在不可预测的持续变化的竞争环境中使企业繁荣和成长，并具有面对由顾客需求的产品和服务驱动的市场做出迅速响应的能力。

随着社会经济的不断发展，人们的生活水平也在不断提升，人们对产品的主要追求已经从以前的质量、功能和价格逐渐转向最短交货周期、最大客户满意、资源保护、污染控制等。市场的驱动力是顾客的需求，然而顾客的需求不是一成不变的，相反是多样的和多变的，因此敏捷性（Agility）就成了企业必须具备的素质。市场环境是无法预测、不断变化的，敏捷性要求企业能在这种复杂的环境中保持企业的竞争能力，并不断将这种竞争能力提高。

（三）敏捷制造在我国的发展

尽管我国技术、科技已经越来越现代化，开始了从制造业大国向制造业强国转变阶段，不过由于目前我国十分缺乏制造企业的核心技术，敏捷性和柔性也很差，企业创新能力也不够，这也直接导致在供应链中国内制造企业大多数都是做低附加值的加工工作，也缺乏调控整个供应链的能力，还不能做到有效地整合供应链，因此在国际竞争中我国制造企业的劣势是十分明显的。当前我国制造企业只有进行变革改造，实现敏捷化战略，通过敏捷化这个桥梁把企业适应市场环境的能力增强，才能快速对外部环境的变化做出反应。

准确地采集市场信息和综合处理企业的内外信息都离不开信息技术，所以敏捷制造的基础其实是信息技术。

虚拟企业是敏捷制造的实施基础，其中快速“聚散”机制是各结点企业展开内部和外部的动态合作时必须采用的。准时制生产模式是每一个结点企业内部都必须采用的。由此可知，其实结点企业的准时制才是敏捷制造的实施基础。准时生产方式的其中一个重要部分就是准时采购，这也就代表供应商可能需要一天一次、一天两次甚至每小时几次地提供物资，这就对物流提出了非常高的要求。

扁平化的管理组织是敏捷企业在企业组织方面应具备的。生产运营过程应是范围可变化、并行化、模块化以及可重构的。不过由于当前我国相当一部分的企业，特别是中小企业，仍是以功能管理为特征的金字塔状的集权控制模式作为组织结构，这必然导致员工的灵活性和适应性差，管理效率降低了，管理费用自然就增加了，想要实现企业内部资源的有效集成和灵活重组也就有很大的困难，就更不用说并行设计、并行制造应用起来使市场响应能力飞速提升了。

总体来说，不管是在技术上，还是装备上，中国制造业的大多数企业，和发达国家相比，差距还是十分明显的，不过由于中国工业的支柱产业始终是制造业，在这样的形势下，迅速开发敏捷制造系统，组建虚拟企业，就成了一个非常迫切且很有必要的任务。我国最早研究与开发MRP、ERP、CAM、CAD、MRP是在20世纪90年代初就开始了的，特别是863计划中的核心项目——计算机集成制造系统（CIMS）的研究已接近于世界先进水平。当下，一些高校和企业都十分积极地在开发敏捷制造系统，相信未来敏捷制造在中国一定会发展迅速，前景也十分广阔。

二、大规模定制生产

（一）大规模定制生产概述

1. 大规模定制的产生

近些年，随着人们物质生活越来越丰富，人们对物质的要求也越来越高，这也导致长期卖方市场已彻底向买方市场转变。企业要想长久地生存下去，并不断提高自身竞争水平，就必须做到能随时掌握客户的需求，把更多的定制融进企业的制造中来，使越来越多的客户买到自己满意的商品或服务。

很大一部分企业最初都不重视定制要求，为了在迅速分化的市场面前努力维持大规模生产的状况，他们曾试过用增加产品品种来代替顾客的定制要求。多样化是指企业先生产出产品，将它们存入成品库，然后等待它们的客户出现，定制则是根据特定客户的要求来生产产品。由此可见，品种再多也不是定制，满足不了客户挑剔的要求，这条路不是长久发展之路。

大规模定制模式是针对个别客户的要求，进行的大规模生产定制的产品和服务。它的实质是以大规模的生产方式和速度，为单个客户或小批量、多品种的市场定制生产任意数量的产品。所以它能在不牺牲企业经济效益的前提下，了解并满足单个客户的需求，这也是大规模定制是企业经营的必然发展趋势。

大规模定制模式是为了实现企业的大规模定制生产。那么实现大规模定制模式都有哪几个方面的工作是必须要完成的呢？第一，分析量化和把产品多样化的成本尽量减到最少，不断合理产品线，低利润产品尽量减少生产数量，以便更好地提高利润，把宝贵资源利用充分，使生产的柔性程度不断提高，这些对开发大规模定制产品都有很好的促进作用。第二，作为实施大规模定制的前提条件，标准化零件、工艺、工具和原材料化，把产品成本降下去，让加工柔性提上来。第三，实行敏捷制造，各种产品所需要的间接成本是不一样的，所以在无须生产准备时间和库存的条件下，以订单为依据，进行产品的快速生产，是实现大规模定制的一个方法，进而实现产品的超速上市。第四，就是把前三点结合起来，并行地设计产品内容和柔性制造工艺，在模块化的结构、通用的零件、通用的模块、标准化的接口和标准的工艺等上面做改进，进而进行敏捷的产品设计。

大规模定制通过柔性或敏捷制造，不去刻意计算批量的生产多样化的产品，且无须为了改变生产系统的设置而将生产停顿。在设备能力相同的情况下，设备运转起来之后，和进行大规模生产的工厂相比，进行大规模定制的工厂生产效率要高得多。

一旦产品的设计完成，想要再通过一些措施来使成本降低是非常困难的，所以在产品和生产工艺的设计阶段就得先把成本确定下来，不然，降低的成本连补偿实施这类措施本身所需的费用都不够。在一般的企业成本统计中，只算了材料和人工成本，其他成本都会算成间接成本被分摊到企业的所有活动中了。由于各种产品的间接成本需求不同，所以通过设计可以使间接成本降低不少。大规模定制可利用先进的设计技术，设计出需要最少的人工和材料成本的产品，用最低的间接成本有效地生产产品。

2. 大规模定制生产的基本原理

用大规模生产的质量、成本和速度，为单个顾客或小批量多品种的市场定制生产任意数量的产品就是大规模定制生产模式的基本原理。

大规模定制生产模式是对顾客定制的个性化产品进行大规模生产和服务。这一生产模式有效整合了大规模生产和定制生产这两种生产模式的优势。大规模定制生产方式吸收了如时间的竞争、精益生产和微观销售等管理思想的精华，现代管理、生产、信息、组织、营销等技术平台都十分支持和看好这种方法模式，这也使得它与以往生产模式相比，有了更多的优势，能在网络经济和经济技术国际化的竞争局面中更好地发展下去。

对于传统的大规模生产企业来说，如果想要按照客户需求定制产品，额外的成本增加和时间的延误几乎无法避免；而且，对于传统的定制生产企业来说，想要按照顾客需求定制产品，试图提高生产运作速度和效率、降低产品的生产成本也非常困难。

如图6–1所示，曲线A是传统的产品变动成本曲线，随着产品生产数量的不断增多，变动成本急剧降低，达到一定的生产数量后，变动成本曲线趋于平缓；曲线B是理想的大规模定制生产模式的成本变动曲线，随着产品生产的数量不断减少，变动成本增加非常小。由于产品个性化的优点，相对于用大规模生产模式生产产品的成本增加部分，可以通过一定的销售溢价进行弥补，当产品的数量达到最小的生产单位——数量为1后，则达到大规模定制生产模式的最高目标。此时，相对于定制生产模式，在满足顾客个性化的前提下，采用大规模定制生产模式生产产品的变动成本可大幅度下降。

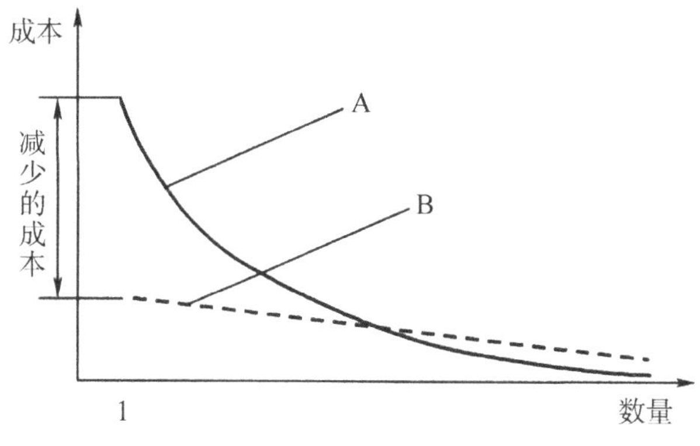

图6–1　产品变动成本趋势曲线

由图6-1可以看出，大规模定制生产模式对传统的经济规模生产方式提出了严峻挑战：一方面，没有顾客需要的大规模生产对企业没有意义；另一方面，多品种、小批量产品的生产成本不一定很高。

（二）大规模定制生产的模式

通常会将大规模定制生产的模式概括为以下三个方面。

1.产品设计模块化

企业占领市场依靠的是不断更新的产品创新和不断创新的技术，因而企业成败的关键在于企业是否能根据用户当前的需要和潜在需求快速抢先提供合适的产品。企业能一直创新、不断更新产品是建立在产品结构和功能的通用化、标准化和模块化的基础之上的。任何产品进行更新换代，都不是也不可能每次都全部推翻原有的产品重新设计和制造，模块化产品就是为了方便快速地根据不同的要求重组。把其中一个模块更新或融入一些新技术到主要功能模块中，就能使产品登上一个新台阶，甚至成为换代产品，而且大多数模块都不需要重新设计和重新制造。因此，在敏捷制造中，几乎所有制造企业都对模块化产品的发展这一课题非常重视。

2. 产品制造专业化

在一般机械类产品中，功能部件间存在着相似结构和功能的占70%，如果能将行业界线打破，把这些功能相似的部件或零件进行分类之后集中起来，要形成足以组织大量生产的专业化企业的生产批量是完全有可能的，这些专业化制造企业能在成组技术的基础之上采用大量生产模式进行生产，主干企业研发产品中各种相似部件、零件的制造任务就是由这些专业化制造企业承接的。当然，在现代制造技术的支持下，传统的刚性自动线的缺点已经被这种大量生产模式克服，并且它们也具备了一定范围内的柔性（可调性或可重构性）来完成较大批量的相似件制造，协助主干企业实现用大量生产方式快速提供个性化商品的目标。

3. 生产组织和管理网络化

互联网（Internet）的普及和应用，提供了快速组成虚拟公司进行敏捷制造新产品的条件给企业。责研发新产品的主干企业可以把自己产品的结构和寻找合作伙伴的各项条件发布在Internet上，专业化制造企业还可以把自己的条件和进行合作的意图发布在网上。主干企业本着共担风险和达到双赢的战略目标，会根据这些发布在网上的消息寻找与自己要求匹配的合作者，然后企业联合在一起合作研发和生产新产品。这样的公司联合是动态的，是为了某种产品而作的联盟，随着产品生命周期的结束，公司也会随之解散或在另一种产品的基础上找到新的合作点，成立新的联盟，所以这种组成的虚拟公司也叫“有限生命公司”。

通过互联网搭桥，系统构建虚拟企业，产品研发、设计、制造、装配、销售和服务的全过程都可实现，通过社会供应链管理系统将合作企业连接起来，按大规模定制生产模式实行有效的控制与管理。

（三）大规模定制生产模式条件下企业间的合作关系

制造商与供应商在传统的供求关系管理模式下，只是一般的合同关系，在制造企业中，供应链只是一个内部过程。生产合同需要采购的原材料和零部件，并将其转换成产品，到销售给用户的整个过程都只是在企业内部操作。为了避免自身对制造商过于依赖，供应商和制造商之间还会互相讨价还价。信任度和协作度低、合作期短是这种管理模式的特征。

第二节　其他先进生产方式

本节系统地介绍了最优生产技术（OPT）和现代集成制造系统（CIMS）这两种先进生产方式。内容包含OPT的目标、OPT的基本思想和原则、DBR系统；计算机集成制造系统的产生背景及其定义，CIMS的组成以及我国CIMS的应用情况。

一、最优生产技术（OPT）

（一）最优生产技术基本理论

20世纪70年代，以色列物理学家戈德拉特（Goldratt）博士最先提出最优生产技术（Optimized Production Technology，OPT），之后这一技术开始发展。最优生产技术早期称为（Optimized Production Timetable），即最优生产时间表，20世纪80年代才改名叫最优生产技术，后来进一步演变为制约因素理论（Theory of Constraint，TOC）。TOC作为一个能将问题完美解决的有效方法，受到了很多企业的欢迎。按照TOC，第一步要约束识别系统，即瓶颈资源；第二步要想办法把这瓶颈资源开发出来，利用起来，让其运作，注意必须是高效运作；第三步要使系统的其他资源支持系统的运行起来；第四步就是把系统约束打破，这样就能一直运行下去了。OPT产生的时间并不长，但取得的成就却令人惊叹，它是继MRP和JIT之后出现的又一项新的组织生产的方式。

（二）OPT的目标

OPT的倡导者认为，不管是什么制造企业，它们的真正目标就是赚钱，并且是在现在和将来都能赚钱。一般会采用以下三个指标来作为衡量一个企业是否赚钱的标准。

（1）净利润（Net Profit，NP）：一个企业赚多少钱的绝对量。企业的净利润越高，说明企业的效益越好，反之亦然。

（2）投资收益率（Return on Investment，ROI）：表示一定时期内的收益与投资比。当两个企业的投资不一样时，只靠净利润指标是看不出它们的效益高低的，这时就需要比较投资收益率。

（3）现金流（Cash Flow，CF）：表示短期内收入和支出的资金。现金流如果不通畅，会影响企业的正常生产，严重时甚至对企业的生存造成威胁。

不过，由于以上三个指标都是间接指导生产的，所以需要一些作业指标来做辅助。按照OPT的观点，在生产系统中，作业指标也有三个：

（1）产销率（Throughput，T）：它不是一般的通过率或产出率，而是单位时间内生产出来并销售出去的量，即通过销售活动获取现金的速率。生产出来但没有卖出去的只是库存。

（2）库存（Inventory，I）：它是一切不用的资源。它不仅包括为满足未来需要而准备的原材料、加工过程的在制品和一时不用的零部件、未销售的成品，而且还包括扣除折旧后的固定资产。库存占用了资金，产生机会成本及一系列维持库存所需的费用。

（3）运行费（Operating Expenses，OE）：它是生产系统将库存转化为产销量的过程中发生的一切费用，包括所有的直接费用和间接费用。

按照OPT的观点，用这三个指标就可以衡量一个生产系统。如果从货币角度考虑，产销率是要进入系统的钱，库存是存放在系统中的钱，而运行费是将库存转变成产销率而付出的钱。

作业指标与财务指标的关系如图6-2所示。

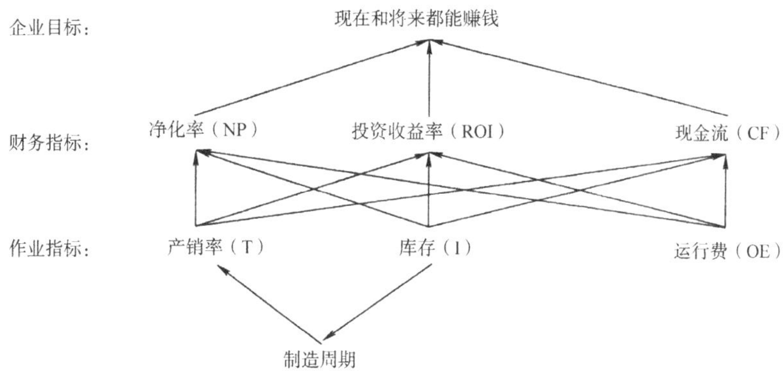

图6-2　作业指标与财务指标的关系

当产销率增加，库存和运行费不变时，显然净利润、投资收益率和现金流都将增加；当运行费减少，产销率和库存不变时，也会引起净利润、投资收益率和现金流的增加。然而，当库存减少，产出率和运行费不变时，情况就不那么简单了。库存的降低可以明显减少维持库存的费用，当产出率不变时，投资收益率将提高。然而，当库存降低到一定的水平时，再进一步降低库存水平所能达到的效果并不大。但在国外有些企业为什么一直致力于降低库存水平呢？原因是库存降低可以加快制造周转，同时增加现金流。制造周期又是提高企业竞争能力的一个重要因素，制造周期的缩短可以使企业的产品快速进入未被抢占的市场，而且能够缩短顾客的订货周期，这对企业争取更高的价格和抢占市场占有率都有很大的作用，从长期来看，会促使未来产销量增加。

（四）DBR系统

OPT的思想用于生产计划与控制，可以使企业在生产能力有限而无法满足用户需求的情况下，获得最大限制的产出。它的目标是使“瓶颈”工序百分之百的负荷，同时使生产过程物流全程同步化，使在制品库存最小。

OPT的计划与控制是通过DBR系统来实现的，它是由“鼓”“缓冲器”和“绳索”组成的。

（1）“鼓”（Drum）。它是生产系统中的瓶颈，就像跳舞一样，鼓指挥跳舞节拍，生产系统中的瓶颈控制了整个生产系统的节拍。从生产计划与控制的角度考虑，一方面尽量使“鼓”的能力充分利用；另一方面要使“鼓”与其他部位保持信息联系，使其他部位与“鼓”同步，这就需要一个“绳索”作为纽带。

（2）“绳索”（Rope）。绳索代表生产系统中的信息传递过程，它可以是正式的作业计划或生产指令，也可以是一种非正式的生产信号。绳索的作用类似于JIT生产中的看板，它使生产系统的非瓶颈资源在“鼓”的作用下，处于同步状态，使生产均衡。

（3）“缓冲器”（Buffer）。缓冲器有两种：时间缓冲与库存缓冲。时间缓冲是使所需要的物料比计划提前一段时间提交；库存缓冲即安全库存。库存缓冲一般可以通过统计分析得到，而时间缓冲则可以通过观察测定。

二、现代集成制造系统（CIMS）

（一）CIMS的产生和发展

早期的生产与运作管理主要依赖工厂主的个人经验。20世纪以后，随着泰勒倡导的科学管理运动的蓬勃发展，人们慢慢开始寻找各种各样的优化生产与运作管理的科学方法，出现了诸如订货点法、经济生产批量法、物料需求的科学方法等。到了20世纪七八十年代，世界经济形势发生了巨大变化，企业面临的市场竞争越来越激烈，承受的压力越来越大，使企业的生产方式发生了巨大的变化。为了提高市场竞争能力，企业一方面继续寻找更好的生产与运作管理方法，如准时生产制（JIT）、最优生产技术（OPT）、制约因素理论（TOC）等，另一方面积极探索采用新的制造技术和生产组织方式，其中，最具代表性的是计算机集成制造系统（CIMS）。CIMS已被预言为21世纪制造业的主流技术。它的出现完全改变了人们对企业经营活动的传统认识，对许多传统的观念提出了严峻的挑战，它也使生产运作管理又一次进入了发展新时期。

CIMS是Contemporary Integrated Manufacturing System的英文缩写，译为现代集成制造系统。在国内学术上还有另外一种叫法，称为计算机集成制造系统，即Computer Integrated Manufacturing System，两者一致的英文缩写有相同的概念。其核心理念是CIM（Computer Integrated Manufacturing），即计算机集成制造或计算机综合制造，后被应用于现代工业企业生产过程中，并逐步成为组织开展企业生产的指导思想。1974年美国的约瑟夫·哈林顿（Joseph Harrington）博士在《计算机集成制造》（Computer Integrated Manufacturing）一书中首次提出计算机集成制造的概念，其中有两种基本的观点：

第一种：企业生产的各个环节，即市场分析、产品设计、加工制造、经营管理到售后服务的全部生产活动是一个不可分割的整体，要紧密连接，统一考虑。

第二种：整个生产过程实质上是一个数据的采集、传递和加工处理的过程。最终形成的产品可以看作数据的物质表现。

哈林顿提出的这样一个概念有敏锐的预见性。从这个概念提出开始，经过20年的研究，计算机集成制造系统已经受到全球企业界与理论界的关注，并且成了制造业的一个世界制造系统、一种先进的生产方式。这种陷阱的生产方式的出现有两个动力：一个是计算机技术的发展的推动力，另一个是市场需求的拉动力。

1. 计算机技术的发展推动力

提及CIMS，离不开计算机技术的支持。自从产生了世界上第一台计算机后，它就很快在社会各领域得到广泛的应用。计算机在工业生产上的应用，使产品制造由自动化转向柔性，使企业的管理工作由手工抄、写、算转为计算机处理，并为CIMS的形成作了技术上的准备。

（1）计算机在产品设计和制造中的应用。计算机在产品设计中的应用研究，即计算机辅助设计（Computer Aided Design，CAD），是在20世纪50年代中期开始的，主要包括：计算机制图、设计计算和建立数据库。早期的CAD主要用于产品设计计算机绘图。随着微型机性能的提高和成本的大幅度下降，CAD进入了更多的制造应用领域。新的CAD系统不仅可以完成产品设计和二维、三维交叉绘图，还可以进行材料分析、制造要求分析、优化产品性能以及工具、模具和专用零部件设计等工作。CAD不仅提高了产品设计的效率，而且提高了设计的水平和质量，使采用CAD技术的工厂能够迅速推出高性能、高质量的新产品。

（2）计算机辅助制造。计算机辅助制造（Computer Aided Manufacturing，CAM）的研究始于20世纪50年代。1952年，美国首先研制成功数控机床（NC），为计算机在产品制造中的应用开创了一条崭新的道路，成了CAM的开端。1958年，随着刀库的发明，出现了能在一台机床上通过自动换刀实现多种加工的数控加工中心。1966年，美国制造出用一台计算机同时控制数台机床的直接数控（Direct Numerical Control，DNC）系统。1967年，英国首先研制、美国首先成功地建成为由数控机床组成的柔性制造系统（Flexible Manufacturing System，FMS）。FMS的建成把机械加工的劳动生产率提升到一个新的高度，它解决了离散型制造企业一直试图解决的、经常更换品种的中小批量自动化问题。

随着CAD和CAM技术的迅速发展，人们开始考虑两者的集成，也就是使用计算机将所设计的零件信息直接转化为加工信息传递到机床，使一项产品从设计到制造在一个系统里完成，而不再使用图样等书面文件。到20世纪80年代，CAD/CAM集成系统进入实用化阶段。

（3）计算机在企业管理中的应用。计算机问世后的开始几年，主要用于科学技术和工程方面的计算。1954年美国通用电气公司第一次用计算机来计算职工的工资，使计算机首次进入管理业务。之后计算机在管理上的应用范围越来越广，而且随着计算机技术、网络技术的迅速发展，计算机在管理上的应用也由初期的单项数据处理阶段发展到数据综合处理阶段，进而发展到现在的数据系统处理和管理信息系统（Management Information System，MIS）阶段。计算机使企业管理从信息流的管理上升到物流的管理是一个飞跃，所以1961年美国又提出了MPR系统，1979年在此基础上又研制了制造资源计划（MRP Ⅱ），MRPⅡ现已成了CIMS体系中的重要组成部分。

计算机在各单元技术上的应用，如CAD/CAM、FMS、MRP、MRPⅡ等，在缩短产品生产周期、提高各种资源的利用率、制造高度精密、复杂的零件、降低生产成本、增强市场应变能力和竞争能力等方面，都给采用这些技术的企业在不同程度上带来了效益。同时，这些单元技术的发展也为CIMS的建立提供了技术上和物质上的准备。

每一次计算机技术的发展都会带来一次制造技术的变革，出现新的以计算机技术为基础的先进制造。计算机集成制造系统是在计算机辅助设计、计算机辅助制造、计算机辅助管理等各种单项技术的发展基础上慢慢形成的一个综合系统。

2. *市场需求的拉动力*

从市场方面看，自20世纪70年代开始，世界市场发生了重大的变化，科学技术飞速发展和社会需求多样化的相互作用、相互促进，使过去相对稳定的市场变成需求多变的市场。今天的用户对企业来说具有举足轻重的影响，失去了用户就等于失去了市场。然而用户需求的多样性和日趋个性化却给企业带来了经营上的困难，不仅竞争强度增加了，而且竞争要素也增加了。企业除了要在价格、成本、质量三个传统要素上继续竞争外，还要在服务和交货期上与竞争对手一比高低。环境的变化对企业来说已成了理所应当的事情，变化无处不在，无时不有，而且变化的速度在加快。新技术在加速革新，产品生命周期比若干年前大幅度缩短，如今的计算机几乎一进入市场就已经过时了。

面对上述的情况，企业必须寻求一种技术与管理高度结合的新的生产方式，才能在今后继续得到发展。CIMS正是这样一种新的生产技术。

（二）CIMS的组成

自1974年哈林顿博士首先提出CIM概念，至今已走过40多年的发展历程。有关CIM的概念和定义尽管存在着多种观点，但都保持了一个共同点，这就是“集成”。在自动化技术、信息技术和制造技术的基础上，在新的管理模型和生产工艺的指导下，把以往企业中相互孤立的工程设计、生产制造、经营管理等全部生产、经营活动所需要的各种孤立的、局部的子系统，借助数据库和数据通信网络有机地集中起来，构成一个覆盖整个企业的综合系统，就是CIMS。

从功能上看，一个企业可以简单地分为设计、制造和经营三个方面。由于产品质量对于一个企业的竞争和生存越来越重要，所以，常常把质量保证系统作为企业功能的主要方面之一。为了实现上述企业功能的集成，还需要一个支撑软件，包括网络、数据库和集成方法，即系统技术。

1. CIMS的组成

CIMS一般由四个功能分系统和两个支撑分系统构成。四个功能分系统分别是管理信息分系统、产品设计与制造工程设计自动化分系统、制造自动化（柔性制造）分系统、质量保证分系统；两个支撑分系统为计算机通信网络分系统和数据库分系统。CIM的组成如图6–3所示。

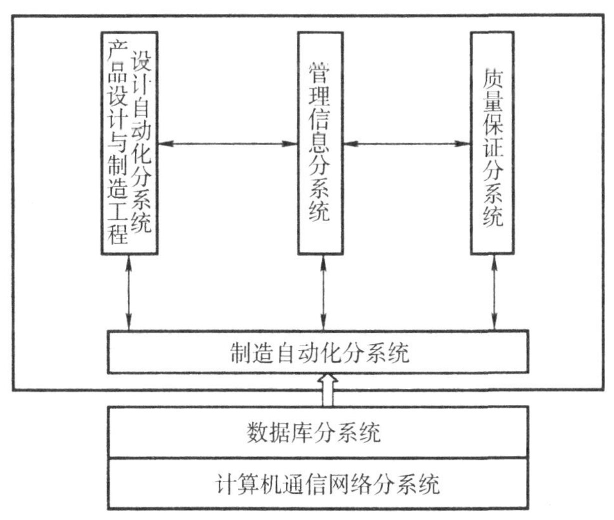

图6–3　功能子系统的结构图

四个功能分系统如下：

（1）管理信息分系统。管理信息分系统是以MRPⅡ为核心，包括预测、经营决策、各级生产计划、生产技术准备、供应、销售、财务、成本、设备、工具、人力资源等管理信息功能，通过信息的集成，达到缩短产品生产周期、降低流动资金占用、提高企业应变能力的目的。所以，必须认真分析生产经营中物质流、信息流和决策流的运动规律，研究它们与企业各项经营、生产效益目标的关系，对企业生产经营活动中产生的各种信息进行筛选、分析、比较、加工、判断，从而实现信息集成与信息优化处理，保障企业能够有节奏、高效益地运行。

（2）产品设计与制造工程设计自动化分系统。它是用计算机来辅助产品设计、制造准备及产品性能测试等阶段的工作，即通常说的CAD/CAPP/CAM系统，目的是使产品开发活动更高效、更优质、更自动地进行。

CAD（Computer Aided Designer）系统包括产品结构的设计、定型，产品变型设计即模块化结构的产品升级。

CAPP（Computer Aided Process Planning）系统则完成用计算机按设计要求将原材料加工成产品所需要的详细工作指令的准备工作。

CAM（Computer Aided Manufacturing）系统通常进行刀具路径规划、刀位文件的生成、刀具轨迹仿真以及NC（Numerical Controt）代码的生成。产品设计和制造工程设计自动化系统在接到管理信息系统下达的产品设计指令后，进行产品设计、工艺过程设计和产品数控加工编程，并将设计文档、工艺规程、设备信息、工时定额送给管理信息分系统，将NC加工等工艺指令送给制造自动化分系统。

（3）制造自动化或柔性制造分系统。它是CIMS中信息流和物料流的结合点，是CIMS最终产生经济效益的聚集地，可以由数控机床、加工中心、清洗机、测量机等设备及相应支持软件组成。它根据产品的工程技术信息、车间层的加工指令，完成对零件加工的作业调度及制作，产品制作活动优化、周期短、成本低、柔性高。

（4）质量保证分系统。它包括质量决策、质量检测与数据采集、质量评价、控制与跟踪等功能。该系统保证从产品设计、制作、检验到售后服务的整个过程，以实现产品的高质量、低成本、提高企业的竞争力等目的。

两个支撑分系统如下：

（1）计算机网络分系统。它是支撑CIMS各个系统的开放型网络通信系统，采用国际标准和工业标准规定的网络协议，可以实现异种机互联，异构局部网络及多种网络的互联。它以分布为手段，满足各种应用分系统对网络支持服务的不同需求，支持资源共享、分布处理、分布数据库、分层递阶和实时控制。

（2）数据库分系统。它是支持CIMS各分系统，涵盖企业全部信息的数据库系统。它在逻辑上是统一的，可以是分布的全局数据库管理系统，用以实现企业数据共享和信息集成。

2. CIMS的技术结构

CIMS的技术结构如图6-4所示。

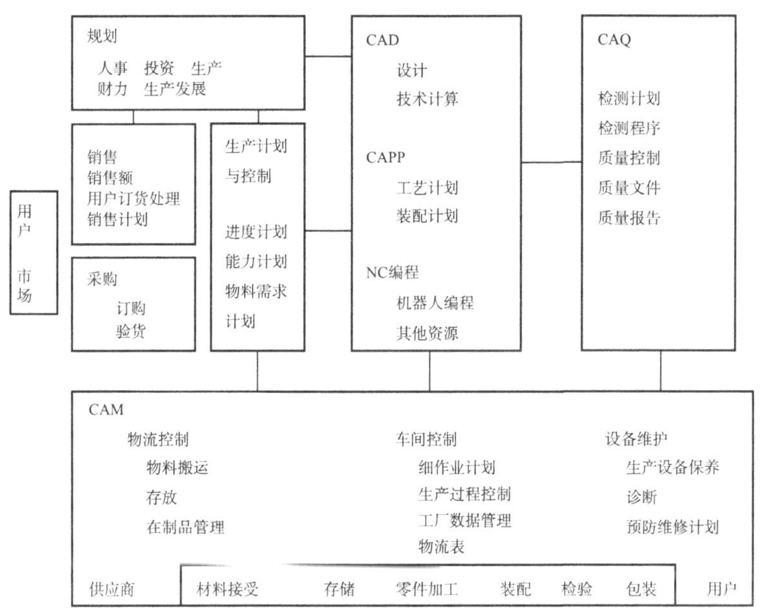

图6-4　CIMS的技术结构示意图

（三）我国CIMS应用情况

我国在20世纪80年代提出了在企业实施管控一体化，1987年国家正式立项将CIMS列入863高科技发展计划。经过了20多年的研究、实践和企业应用，我国863计划CIMS主题专家组对中国发展CIMS的目标、内容、步骤和方法有了更为深入的理解和认识，并进行理论和实践创新，将计算机集成制造系统发展为以信息集成和系统优化为特征的现代集成制造系统（Contemporary Integrated Manufacturing Systems），两者的缩写均为CIMS。1988年，我国863计划CIMS主题专家组提出现代集成制造系统的新意义。

CIMS的新意义即为将信息技术、现代管理技术和制造技术相结合，并应用于企业产品全生命周期（从市场需求分析到最终报废处理）的各个阶段。通过信息集成、过程优化及资源优化，实现物流、信息流、价值流的集成和优化运行，达到人（组织、管理）、经营和技术三要素的集成，以加强企业新产品的时间、质量、成本、服务、环境，从而提高企业的市场应变能力和竞争能力。

根据10多年来我国实施CIMS工程的经验教训，以下几点对成功实施CIMS工程是非常重要的：

（1）坚持“效益驱动，总体规划，分步实施，重点突破”的原则。

（2）规划的科学性、可行性、合理性。

（3）强调系统整体优化，不追求单项技术最优。

（4）重视管理、技术与人三者的集成，避免从技术到技术。

（5）与企业的技术改造相结合。

（6）职工的培训。

（7）切忌求全、求大、过分自动化。

参考文献

[1]刘丽文．运营管理新概念与案例[M]．北京：清华大学出版社，2003.

[2]包雅茹．运营管理1001法[M]．北京：中国国际广播出版社，2004.

[3]虞镇国，严素静．生产管理[M]．杭州：浙江大学出版社，2004.

[4]杰伊海泽，巴里伦德尔．运作管理[M]．陈荣秋，张祥，译．北京：中国人民大学出版社，2006.

[5]张海成．供应链管理技术与方法[M]．北京：清华大学出版社，2002.

[6]龚国华．生产与运营管理案例精选[M]．上海：复旦大学出版社，2003.

[7]方正．企业生产与运作国际化管理案例[M]．北京：中国财政经济出版社，2004.

[8]陈志祥．生产运作管理基础[M]．北京：电子工业出版社，2010.

[9]潘家轺．现代生产管理学[M]．北京：清华大学出版社，2011.

[10]刘丽文．生产与运作管理[M]．北京：清华大学出版社，2011.

[11]刘晓兵，李新然．运营管理[M]．北京：清华大学出版社，2011.

[12]李全喜．生产与运作管理[M]．北京：北京大学出版社，2011.

[13]周根然．生产与运作管理[M]．北京：科学出版社，2010.

[14]靳志宏．生产运作管理[M]．北京：清华大学出版社，2009.

[15]何彪．企业战略管理[M]．武汉：华中科技大学出版社，2008.

[16]陈荣秋，马士华．生产运作管理[M]．北京：机械工业出版社，2004.

[17]孙志刚，杨聪．Excel在经济与数理统计中的应用[M]．北京：中国电力出版社，2004.

[18]陈佳贵．企业管理学大辞典[M]．北京：经济科学出版社，2000.

[19]袁卫，庞皓，曾五一．统计学[M]．北京：高等教育出版社，2000.

[20]陈志祥．现代生产与运作管理[M]．广州：中山大学出版社，

2002.

[21]季建华. 运营管理[M]. 上海：上海交通大学出版社，2003.

[22]陈心德，吴忠. 生产运营管理[M]. 北京：清华大学出版社，2005.

[23]苏勇. 当代西方管理学流派[M]. 上海：复旦大学出版社，2007.

[24]周三多. 管理学[M]. 2版. 北京：高等教育出版社，2005.

[25]刘春荣. 人机工程学应用[M]. 上海：上海人民美术出版社，2004.

[26]郭晓君，赵建辉. 学习型组织：人类社会发展的必然[J]. 自然辩证法研究，2006，22（1）.

[27]韩翼. “学习曲线”效应与企业生命周期各阶段的管理[J]. 湖北行政学院学报，2002（6）.

[28]李立春，董丽. 我国全员劳动生产率与工资水平的关系分析[J]. 经济师，2008（12）.

[29]姚彦杰，邱明杰. 浅析影响企业劳动生产率的因素[J]. 黑龙江科技信息，2007（14）.

[30]马瑞，雷光. 人机工程学在工业设计中的重要性[J]. 设计平台，2007（10）.

[31]王定标，向飒，郭茶秀. CAD/CAE/CAM技术的发展与展望[J]. 矿山机械，2006.

[32]陶亦亦，黄炜，姜左. 虚拟制造的研究与发展[J]. 机械制造与自动化，2006（1）.

[33]刘飞，曹华军，何乃军. 绿色制造的研究现状与发展趋势[J]. 中国机械工程，2000（21）.

[34]张晶玲. 婴儿理发器的人机工程设计[D]. 哈尔滨：哈尔滨工程大学，2008.